Couverture inférieure manquante

LETTRES INÉDITES

D'ADRIEN D'ASPREMONT

VICOMTE D'ORTHE

GOUVERNEUR DE BAYONNE

PAR

Philippe TAMIZEY DE LARROQUE.

Conserver la Couverture

BORDEAUX,
Paul CHOLLET,
Libraire, Cours de l'Intendance, 53.

PARIS,
H. CHAMPION,
15, Quai Malaquais.

AUCH
IMPRIMERIE ET LITHOGRAPHIE G. FOIX, RUE BALGUERIE.

1882

ADRIEN D'ASPREMONT

VICOMTE D'ORTHE.

Extrait de la *Revue de Gascogne*.

———

Tiré à part à 100 exemplaires.

LETTRES INÉDITES

D'ADRIEN D'ASPREMONT

VICOMTE D'ORTHE

GOUVERNEUR DE BAYONNE

PAR

Philippe TAMIZEY DE LARROQUE.

BORDEAUX,
Paul CHOLLET,
Libraire, Cours de l'Intendance, 55.

PARIS,
H. CHAMPION,
15, Quai Malaquais.

AUCH
IMPRIMERIE ET LITHOGRAPHIE G. FOIX, RUE BALGUERIE.
—
1882

AVERTISSEMENT.

Longtemps Adrien d'Aspremont, vicomte d'Orthe, n'a presque été connu que par une lettre qu'il n'écrivit pas. En ces dernières années, diverses choses nouvelles ont été dites sur lui. Je voudrais aujourd'hui le faire un peu plus connaître en publiant un certain nombre de lettres qui sont incontestablement de lui. J'en ai retrouvé une quinzaine dans les dépôts publics de Paris; d'obligeants chercheurs m'en ont communiqué quelques autres qui sont conservées dans les archives municipales de Bayonne (1). Mais avant de donner la parole au vicomte d'Orthe, je vais reproduire avec quelques additions ce que les plus récentes recherches nous ont appris de ce singulier personnage.

Adrien d'Aspremont appartenait à une très vieille et très noble maison qui semble avoir eu quelque chose de commun

---

(1) M. Dulaurens et M. Bernadou ont joint à leurs copies de documents bayonnais diverses autres pièces manuscrites ou imprimées, accompagnées de précieux renseignements. Je ne puis malheureusement offrir mes remercîments qu'au second de ces modestes et aimables travailleurs, M. Dulaurens étant mort il y a quelques mois (8 février 1880). Tous ceux qui ont eu l'honneur de le connaître s'associeront au touchant hommage que lui a rendu son digne ami M. Bernadou dans un opuscule intitulé : *M. Dulaurens et les archives de Bayonne* (Grand in-8°, 1880).

avec les d'Aspremont de l'Agenais (1), avec les d'Aspremont de la Lorraine (2). Le savant Oihenart en a donné la généalogie dans son admirable livre : *Notitia utriusque Vasconiæ* (3). Il a pu remonter, à l'aide des plus authentiques documents, jusqu'à Loup Garsias, vicomte d'Orthe, qui vivait, dit-il, du temps du pape Grégoire VII, vers 1060. Adrien était fils de Pierre d'Aspremont, vicomte d'Orthe, et de Quiterie de Gramont, fille de Roger de Gramont et d'Hélène de Béarn (4). La date précise de sa naissance n'est nulle part indiquée, mais on peut déclarer en toute sûreté que cette date se rapproche de la fin de la première dizaine du XVIᵉ siècle. Il est probable que le berceau d'Adrien fut ce château d'Aspremont dont on voyait encore tout récemment les pittoresques ruines dans la commune de Peyrehorade (5).

(1) Voir sur cette famille : *Documents inédits pour servir à l'histoire de l'Agenais* (1874, in-8°, p. 280). Conférez *Vies des poètes agenais par* GUILLAUME COLLETET (1868, in-8°, p. 245). Un Arnaud Raymond d'Aspremont, seigneur de Roquecor, est mentionné, à la date de 1363, parmi les seigneurs de l'Agenais qui rendirent hommage, dans la cathédrale Saint-André de Bordeaux, au roi d'Angleterre (*Collection générale des documents français qui se trouvent en Angleterre, recueillis et publiés par* JULES DELPIT (Paris, 1847, in-4°, p. 98, n° 259).

(2) Voir la généalogie de la maison d'Oryot d'Aspremont dans le *Nobiliaire universel de France par* SAINT-ALLAIS (t. XII, p. 196-200). Il y avait encore des d'Aspremont en Poitou.

(3) Paris, Cramoisy, 1638, in-4°, p. 548-549, dans un chapitre intitulé : *Vicecomites Aortenses, vulgo Urtenses.* Conférez l'*Armorial des Landes par* M. le BARON DE CAUNA (Bordeaux, 1863, in-8°, pp. 99, 157, 409, etc).

(4) Conférez *Histoire et généalogie de la maison de Gramont* (Paris, 1874, in-4°, p. 158 et suivantes). L'auteur de cet ouvrage appelle *Leonor* de Béarn celle qui est appelée *Hélène* de Béarn par Oihenart. Dans l'article *Gramont* du *Moréri* de 1759 (t. V, p. 325), on a changé la vicomté d'*Orthe* en celle d'*Orthez*. Cette dernière erreur se renouvelle tous les jours, malgré les très vives protestations de M. le baron de Cauna (ouvrage déjà cité, p. 157).

(5) Département des Landes, arrondissement de Dax, à 22 kilomètres de cette ville. Voir sur la récente disparition de ce qui restait du château d'Aspremont un article du *Courrier de Bayonne* du 8 février 1880, intitulé : *Etiam periere ruinæ.* Cet article, signé X, est de M. Charles Bernadou, qui s'est fait l'éloquent interprète des regrets causés à tous les archéologues par la démolition de ces majestueux débris. Peyrehorade était une des terres de la maison d'Aspremont. Oihenart (p. 548) en parle ainsi : « *Primarius in eo vicus Petraforata, vulgo Peyrehorade, ibique in prærupto colle, extantes adhuc veteris arcis vicecomitum reliquiæ, Aspremontis castelli nomen ferunt.* » Voir les détails fournis par M. de Cauna (ouvrage déjà cité, p. 158).

Nous ne savons rien de la jeunesse du futur gouverneur de Bayonne. Comme tous les gentilhommes de son époque, il suivit la carrière des armes, mais les chroniqueurs contemporains ne mentionnent aucun de ses faits et gestes. Blaise de Monluc ne le nomme qu'une seule fois et bien tardivement, à l'occasion de l'artillerie qu'il devait lui envoyer pour le siège de Rabastens (juillet 1570) (1). Jean d'Antras le nomme aussi une fois seulement, en passant et sous l'année 1569 (2). Enfin Brantôme, qui l'avait vu de près, qui avait été son hôte, qui aurait pu nous fournir tant de renseignements sur lui, n'en parle que d'une manière incidente et insignifiante (3). Toute la première moitié de la vie d'Adrien d'Aspremont reste donc voilée pour nous. C'est à partir du milieu du xvie siècle environ que, dans l'histoire de cette vie, un demi-jour succède à une impénétrable obscurité.

Le premier document connu où figure le nom d'Adrien d'Aspremont est une lettre de Henri II, roi de France, à Henri II, roi de Navarre (27 octobre 1554). La voici :

Mon oncle, J'ay retenu jusques a present le visconte d'Horte que je vous renvoie avec ceste despeche bien et amplement instruict,

(1) *Commentaires*, édition de la Société de l'histoire de France, t. iii, p. 400. M. de Ruble (note i de la même page) donne au vicomte le prénom de *Bernard*. C'est le prénom que portait en 1560 le lieutenant particulier à Agen. Voir sur ce Bernard d'Aspremont un document du volume 15871 du Fonds français, f 119.

(2) *Mémoires*, 1830, p. 35. Le vicomte d'Ourthe, comme l'appelle d'Antras, aurait eu, dit-il, à ce moment l'intention de quitter sa charge de gouverneur de Bayonne, qui aurait été promise par la cour au baron François de Montesquiou. Il y avait eu une alliance (seconde moitié du xve siècle) entre Jean, baron de Montesquiou, et Catherine d'Aspremont d'Orthe (Moréri, article *Lomagne*, t. x, *Supplément*, p. 28). M. le baron de Cauna remarque (ouvrage déjà cité, p. 157) que les paysans des environs de Bayonne disent toujours *lou pays d'Ourthe*.

(3) *Grands capitaines françois*, édition de la Société de l'histoire de France, t. iv, p. 42. Pierre de Bourdeille, revenant d'Espagne, rencontra le second fils de Blaise de Monluc, Pierre, dit le capitaine Peyrot, et, racontant son entretien avec lui, il ajoute : « M. le visconte d'Orte y estoit présent, qui nous donna à soupper à tous deux. »

tant sur les poincts dont il m'a parlé de vostre part et que vous m'avez escript ces jours passez, que sur quelques autres particularitez que ceulx de Bayonne et de Dacqs m'ont par lui fait remonstrer, et pour ce qu'il vous scaura rendre très bon compte de tout, je me remectray sur sa suffisance et vous priray le voulloir croire en cest endroict comme vous vouldriez faire moy mesme et vous me ferez tres agreable plaisir. Je vous envoie au demourant tout ce qu'il nous est venu de nouveau depuis que je ne vous ay escript, et en cest endroict je prie a Dieu, mon oncle, qu'il vous ayt en sa tres saincte et digne garde. — Escript à Chantilly le xxviie jour d'octobre 1551. — HENRY. DUTHIER (1).

Adrien d'Aspremont fut nommé gouverneur de Bayonne en 1552. Ce fut à sa demande que, deux ans plus tard, Henri II confirma les privilèges de cette ville, ainsi que ceux des villes de Dax et de Saint-Sever, et les exempta « de toutes tailles, subsides et gens de guerre (2). » Entre le nouveau gouverneur et les magistrats municipaux de Bayonne ne tarda pas à s'engager une lutte qui devait durer de longues années. Les principales circonstances de cette lutte ont été trop bien exposées par un *Bayonnais*, dans le *Courrier de Bayonne* du 30 septembre 1877, pour que je ne lui emprunte pas son très neuf et très intéressant récit :

« La commission chargée par notre Conseil municipal de proposer de nouveaux noms pour quelques-unes de nos rues, a présenté son rapport à la séance de vendredi dernier, 21 de ce mois, et quelle n'a pas été ma surprise, partagée

(1) Archives des Basses-Pyrénées, E. 575. Ce document a été transmis à M. Bernadou par M. Léon Flourac, archiviste des Basses-Pyrénées, qui paraît avoir hérité de la rare obligeance de M. Paul Raymond, son excellent prédécesseur.

(2) *Chronique de la ville et diocèse Dacqz* par M. Me BERTRAND COMPAIGNE, conseiller et premier advocat du Roy en la senechausée des Lannes et siege presidial Dacqz (Orthez, Jacques Rouyer, 1657, in-4°, à l'année 1554). Compaigne, en ce passage, appelle le nouveau gouverneur *Adrian*. Ce nom s'est métamorphosé en *Adiram* sous la plume d'un écrivain auquel j'ai eu jadis le tort d'emprunter cette étrange déformation (Voir *Appendice*, n° II). Revenons à la *Chronique* de Compaigne pour constater qu'il y est fait mention, à l'année 1112, des grandes libéralités d'un des ancêtres d'Adrien, Arnaud, vicomte d'Orthe, en faveur de l'abbaye de N.-D. de Caignotte ou de la Caignotte, de l'ordre de Saint-Benoît.

sans doute par beaucoup de mes concitoyens, en voyant que le nom du vicomte d'Orthe figure dans ce rapport à côté de ceux de Louis de Foix, de Fr. Bastiat, de l'amiral Bergeret!

» La commission municipale en est-elle encore à croire à la trop fameuse lettre du gouverneur de Bayonne à Charles IX ? On ne peut mieux faire que de la renvoyer à l'article publié par l'*Avenir* du 16 novembre 1876 : *la Saint-Barthélemy à Bayonne* (1)....

» Mais qu'avons-nous besoin d'aller puiser nos renseignements à la Bibliothèque nationale ou chez nos érudits ? Nos archives communales sont encore plus décisives et témoignent à chaque ligne combien le vicomte d'Orthe fut bizarre, quinteux, dur et finalement cruel et barbare pour nos aïeux dans l'exercice de son gouvernement et surtout dans ses rapports avec le corps de ville.

» Cette histoire curieuse, autant que dramatique, tentera, sans doute, quelque jour la plume d'un continuateur de nos excellents historiens bayonnais, MM. Balasque et Dulaurens; mais puisque la commission du Conseil municipal semble l'ignorer complètement, qu'elle me permette d'en faire passer quelques traits sous ses yeux.

» Nommé gouverneur de Bayonne en 1552, le sire d'Aspremont, vicomte d'Orthe, eut tout d'abord des rapports si peu gracieux avec les Bayonnais, que lorsque Charles IX quitta notre ville, en juillet 1565, le lieutenant de maire (2), Saubat de Sorhaindo, et le clerc de ville, Johan de Prat, dit *de Luc*, suivirent Sa Majesté à Cognac et Angoulême, et obtinrent règlement et arrêt par lesquels étaient réglés les rapports du gouverneur avec MM. de la ville, et le vicomte invité à se

(1) Cet article de l'*Avenir des Pyrénées* est de M. Julien Vinson, qui l'a reproduit dans ses *Etudes de linguistique et d'ethnographie* (Paris, Reinwald, 1878, in-12, p. 256-259). L'éminent philologue m'a fait l'honneur de parler de moi, en cet article, avec une bienveillance extrême et dont je lui serai toujours reconnaissant.

(2) La charge de maire était, à cette époque, héréditaire dans la famille de Gramont de Bidache, qui choisissait un lieutenant de maire.

comporter *honnestement et doulcement, suivant l'admonestation qui lui en a esté faite* (1).

» Mais cette admonestation toucha si peu notre vicomte,
qu'à la fin d'avril 1566 les *lieutenant de maire, eschevins
et gens du conseil,* écrivirent au roi Charles IX et à la reine
Catherine de Médicis pour se plaindre que le règlement de
Cognac était à chaque instant violé (2).

» Il serait un peu long, quoique fort intéressant, de suivre
pas à pas le vicomte d'Orthe dans ses rapports de moins en
moins gracieux avec nos magistrats et concitoyens (3). Les
deux frères Saubat et Jehan de Sorhaindo, successivement
lieutenants de maire, sont en butte aux attaques incessantes
de l'irascible gouverneur. Jehan est même un instant destitué,
en janvier 1571, mais il part pour Paris, muni de lettres
explicatives du corps de ville, et revient maintenu en sa
charge au mois de mai; les échevins et jurats sont traités de
mouquirous (4), tirés par la barbe, frappés et estocadés;
les marins et marchands sont arrêtés, emprisonnés, rançon-
nés *sous couleur du service de Sa Majesté;* et bien loin de
se laisser gagner par les remontrances réitérées du corps de
ville, le terrible vicomte reproche tout haut à *la grosse tête
d'âne du gouverneur d'Ax de se laisser trop manier. Quant
à lui, par la mort-Dieu! il baptait les gens glorieux de
Bayonne.*

» Il n'est pas jusqu'aux gens d'église qui n'aient à se
plaindre du vicomte : un instant, il veut se faire nommer
doyen de la collégiale de Saint-Esprit-lès-Bayonne et ne trouve
pas d'argument plus décisif que d'envahir l'église, menaçant
de faire sauter la tête aux chanoines.

(1) Archives de Bayonne, AA 15, BB 7.
(2) Archives de Bayonne, BB 7.
(3) Ce serait tellement long, ajouterai-je, que M. Dulaurens, confirmant
d'avance ce que déclare ici son ami, m'écrivait le 9 octobre 1875 : « Nos registres
sont pleins de ses querelles sans cesse renaissantes avec nos bourgeois. Il faudrait
des in-folio pour reproduire tous les détails de ces querelles. »
(4) *Mouquirous,* dans le langage populaire du Béarn, signifie morveux.

» Mais j'en arrive, pour abréger, au sanglant épisode qui vint couronner tous ces hauts faits et obligea le vicomte à déguerpir.

» Au mois de mai 1573, le baron d'Arros, chef des rebelles (protestants) de Béarn, maître de Sorde, près Peyrehorade, demande du blé au gouverneur de Bayonne : le corps de ville, déjà prévenu contre les agissements du vicomte *avec ceux de la nouvelle opinion*, s'en émeut et supplie le gouverneur de ne pas permettre la sortie des blés sans billettes pour ne pas affamer la ville.

» Le gouverneur y consent : le jurat Augier de Lana fait la garde, le 4 mai, à la porte de la tour Saint-Esprit pour vérifier les billettes de sortie des blés; un soldat du gouverneur veut intervenir, et comme de Lana le menace d'amende, il va porter plainte au vicomte : celui-ci arrive avec force gens armés de *hallebardes, harquebouzes et harnois*, et crie à de Lana : *Viens çà, fol et acariatre chaperonné*, et, le frappant rudement d'une canne à épée et lui prenant la barbe : *Te veulx-tu attaquer à moi*, lui dit-il? *Je ne veux point que mon lion noble tombe entre les mains de vilains; je te couperai; si ton lieutenant était là, je lui en ferais pis*. Augier de Lana se retira prudemment, mais le conseil insulté adressa ses remontrances au gouverneur.

» Cette scène n'était que le prélude du drame qui suivit quelques jours plus tard.

» Le 26 mai, Pierre de Challa, jurat, et Menault Dandoinche, conseiller, sont de garde à la porte pour la sortie des blés : Dandoinche veut arrêter 500 charrettes auxquelles le gouverneur avait donné congé.

» *De quoy adverti, ledict sieur gouverneur monta à cheval, accompaigné de tous ses domestiques en armes jusques au palefrenier, et s'estant transporté en ladicte porte et appelé ledict Guillaume de Labourt, lui dict :* Viens çà ! qui a empesché que le bled duquel j'ay baillé billette ne soit passé ?

Lequel de Labourt luy dict que c'estoit Dandoinge. Le gouverneur dict alors : Où EST-CE QU'ESTOIT CE MESCHANT LARRON, MARRAUD, VILLAIN ? JE LUY FERAY SAULTER LA TESTE ET LE JECTERAI DANS LA RIVIÈRE ! *Et s'estant ledict magistrat présenté devant luy avec la teste descouverte, luy remonstra qu'il estoit là de la part de nous, le suppliant de vouloir oyr. Toutefois le vicomte n'ayant patience de l'escouter, luy dict parlant de nous :* O MESCHANTS TRAISTRES ! EST-CE A VOUS DE ARRESTER TELLES CHOSES ! *Ce disant picqua son cheval pour luy passer sur le ventre. Le magistrat ainsi outragé respond : Monsieur, nous ne sommes point traistres, vous le savez bien. Alors le gouverneur picqua derechef son cheval pour luy courir sus; et cuydant ledict magistrat eschapper tel danger, mist son chapperon et marque de justice sur le bras, s'enfuyant de devant luy vers le grand pont, auquel le sieur gouverneur le suivoit à course de cheval, lui disant :* AH ! TRAISTRE ! MESCHAND MARRAUD ! ME PENSES-TU FAIRE PEUR AVEC TON LOPIN DE DRAP ROUGE? *Lequel magistrat se voyant atteint sur le pont et se cuydant sauver, se contorna à main droicte pour cuyder gaigner la porte, se couvrant de son manteau, sur lequel se ruant les domestiques du gouverneur, aiant partie d'iceulx les espées mises en main, et oyant le gouverneur que ce magistrat crioit : Ah ! messieurs, saulvez-moi la vie ! dict à haulte voix à un de ses gens nommé Montauban, son maistre d'hostel :* JETE-LE DANS LA RIVIÈRE ! *Ce qu'il exécuta volontairement l'ayant jeté du pont en bas et fait mourir cruellement avec sa marque de justice, icelle flottant sur l'eau, suivant le corps. Lequel gouverneur, non content d'avoir faict tel acte cruel et inhumain et se mocquant dudict magistrat et trépassé, dit tels ou semblables propos en gascon :* A QUI QUE AD AS, *qui veut dire en françois : Tu l'as là, ayant pour lors ledict défunct avec luy un sien enfant de 8 ou 9 ans. De quoy advertis les parents et peuple de la dicte ville se eslevèrent en armes soubdainement pour repoulser*

*l'outraige; mais cependant ledit gouverneur s'estoit ja retiré
à course de cheval dans le Chasteau-Vieux, où il n'avoit
entré cinq ans auparavant* (1).

» Après ce dernier et bel exploit, le vicomte d'Orthe de-
meura quelque temps enfermé au Château-Vieux et quitta
brusquement Bayonne, en novembre 1573, sans prendre
congé (2).

» En vain un arrêt du conseil de mars 1574 ordonna-t-il
que le vicomte reviendrait à Bayonne, en vain M. de Gramont insista-t-il auprès du corps de ville pour amener une
réconciliation, en vain le vicomte lui-même manifesta-t-il,
en décembre 1575, le désir de reprendre son gouvernement
laissé vacant par la mort de son lieutenant, le capitaine Baus.
La ville protesta, supplia, s'indigna avec une si virile élo-
quence, que le sire d'Aspremont mourut exilé à sa maison
de Peyrehorade, le 20e de mars 1578 (3). »

Je n'ai pas à m'occuper ici du beau rôle attribué par
Agrippa d'Aubigné au vicomte d'Orthe après la Saint-Barthélemy. A la suite des lettres inédites du gouverneur de
Bayonne, on trouvera le petit mémoire que j'ai publié dans
la *Revue des Questions historiques*, il y a treize ans, mémoire

(1) Archives de Bayonne, BB 9. Procès-verbal de la mort de Menault Dandoinche.

(2) M. l'abbé de Carsalade du Pont a publié dans son *Histoire de trois barons
de Poyanne* (*Revue de Gascogne*, t. xx, 1879, p. 162) une lettre du marquis de
Villars, lieutenant général du roi en Guyenne, par laquelle Bertrand de Poyanne
est chargé (29 août 1573) de remplacer au gouvernement de Bayonne « M. le
vicomte Dorthe... pendant son absence et le voyage qu'il se délibère faire en la
court vers Sa Magesté et se y acheminer dans peu de jours, et jusques à son retour. » Adrien d'Aspremont se rendait évidemment auprès du roi pour essayer
de justifier sa conduite dans l'affaire Menault Dandoinche.

(3) Archives de Bayonne, BB 9, 10. AA 15-26.—Le *Bayonnais* qui a raconté
avec tant de verve et de fidélité quelques-uns des incidents du long combat que
se livrèrent les magistrats municipaux et le gouverneur de Bayonne, n'est autre
que M. Charles Bernadou. Ses arguments étaient trop solides et trop bien pré-
sentés pour n'être pas victorieux, et les descendants des Sorhaindo, des de Lana,
des Menault Dandoinche, ont renoncé à honorer le souvenir du persécuteur de
leurs pères.

qui, comme ont bien voulu le reconnaître plusieurs critiques, est venu clore définitivement le débat (1).

Je me reprocherais de ne pas ajouter à cet *Avertissement* une citation qui sera comme un dernier coup de pinceau donné au médaillon d'un des hommes du xvi° siècle qui eurent le plus d'originalité. Florimond de Raymond, parlant, dans son *Anti-Christ* (2), des pillards qui s'emparent des vases de l'autel, raconte cette piquante historiette : « Ç'a esté à plusieurs l'or de Tholose. Il me souvient sur ce propos de la plaisante saillie du feu vicomte d'Orthe : c'estoit un gentilhomme basque, qui avoit gaigné ce poinct que tout estoit bien prins de luy. Estant à Blois il fut invité par un des plus grands de ce royaume, qui avoit esté, pendant nos guerres civiles, l'un des chefs des protestants, afin que je ne die rebelles. Comme le vicomte est entré en la salle où un grand nombre de seigneurs et gentilshommes estoient assemblez pour le festin, et voyant le buffet garny de vaisselle d'or et d'argent, il se prosterna soudain à genoux, et joignant les mains, commence de chanter les litanies. Puis, frappant sa poitrine, cria aux assistants : Sus à genoux, priez Dieu. Sur quoy un de la troupe luy demanda l'occasion de ceste devotion extraordinaire. Ne voulez-vous pas, dit-il, que j'honore les chasses et vases sacrez des corps sainctz, qui ont souffert le martyre pour nous, qui ne valons rien ? Puis s'estant relevé s'adressa au seigneur du convy, décochant deux ou trois mots de latin, dont il se ressouvenoit encores : *De rebus male acquisitis non gaudebit tertius hœres.* Le vicomte fut bon prophete : car deux ou trois mois après, les soldats du Gua et Caussens partagerent ce beau et riche buffet. »

(1) Le premier en date de ces critiques est feu M. Edouard Fournier (l'*Esprit dans l'histoire*, 3° édition, 1867, p. 216, note 2).

(2) *Anti-Christ*, édition de 1607, in-8°, p. 448. La première édition de cet ouvrage est antérieure de douze ans à celle-là. Voir *Essai sur la vie et les ouvrages de Florimond de Raymond, conseiller au Parlement de Bordeaux*, 1867, p. 73 et suivantes.

LETTRES INÉDITES.

I (1).

A *Monsieur Monsieur de Burye, chevalier de l'ordre du Roy et lieutenant général de Sa Majesté en Guyenne en absence du Roy de Navarre.*

Monsieur,

J'ay veu la lettre que du xxiii du present m'avez envoyée, par laquelle me dictes que à vostre retour de la court avez esté adverty que aulcuns predicans mal sentants à la foy se sont absentez pour ne pouvoir plus demeurer en leurs pais et ont deliberé de se retirer en la frontiere de Guienne, sçavoir est aux villes de Baionne et Dacqs, pour essayer d'inffecter ce pays, et me mandez que je me preigne à garde de m'en saisir, s'ilz s'y presentent, pour y donner l'ordre requiz; à quoy, Monsieur, je ne fauldray de satisfaire et y tenir tel œil que j'espere que Dieu en sera servy et le Roy obey (2), combien que avant la reception de vostre diste lettre, j'avois faict tenir guect pour voir si aulcun de leur secte se retireroit de deça; et feuz adverty que un libraire de Geneve s'en y estoit venu et alloyt bien souvent à Baionne avec ceulx qui y alloyent dans la Gualuppe, les preschant tout du long du chemin; et incontinent l'avoir sceu, je miz toute la dilligence qu'il me feust possible pour essayer à le prendre, de quoy luy estant adverti desloja aussitost, de sorte que oncques puis je n'en ay ouy parler. Toutesfoys, si caas est que aulcun s'en y presente, je ne fauldray de m'en saisir et en user comme vous me mandez et aussi de vous en advertir incontinent. Au demourant, Monsieur, j'ay receu aussi la lettre que du xviiie de may m'envoyastes par Sonart, et vous mercie bien hum-

---

(1) Bibliothèque nationale, fonds français, vol. 15872, f° 120.

(2) Phrase qui s'accorde bien mieux avec la lettre réelle du 31 août 1572 qu'avec la lettre imaginaire rapportée par d'Aubigné.

blement de la souvenance qu'avez eu de moy en l'affaire de la damoiselle que scavez, ensemble de la responce que par la susdicte lettre m'en avez mandée. S'il y avoit chose de nouveau digne de vous estre escripte, je ne fauldrois vous en tenir adverty, qu'est tout ce que pour le present vous puis dire, si ce n'est vous asseurer que je ne sçay que c'est, mais je n'euz jamais plus d'envye de vous veoir que j'ay, et esperant que ce sera bientost, je mectray fin à la presente par mes humbles recommandations à vostre bonne grace, priant Dieu,

Monsieur, que en santé vous doint longue vye.

De Peyrehorade, ce xviie de juing 1559.

Celluy qui desire vous faire service,

A. D'ASPREMONT.

II (1).

A Monseigneur le reverendissime Cardinal de Lorraine.

Monseigneur,

La presente servira, s'il vous plaict, pour vous tenir adverty que le Roy Dom Phillippe (2) arriva au port de Laredo vendredy au soir huictiesme du present, et vous puis asseurer, Monseigneur, que Nostre Seigneur lui fist une grande grace qu'il n'attendist jusques au lendemain au soir, d'aultant qu'il fist le long de ces costes ung si très grand vent que, si Dieu n'y eust pourveu, ledict seigneur n'eust sceu eschapper qu'il ne feusse tumbé en nauffraige, comme aussi sont les gualleres de Sainct Jehan de Luz lesquels, après estre revenues quelques jours devant des Indes et estant dans leur port la nuict dudict vent, s'en allarent toutes à fondz et à pieces. Aussi n'y a homme en ceste ville qui n'ait sa maison descouverte (3) et mesmement le chasteau du Roi où je suis logé, auquel, pour une fort haulte tour qui y est au milieu, et est de nul service, n'y aura homme, cest hiver, ny qui y puisse ny oze habiter, à cause que pour bien peu de vent qu'il face les tuilles et cailloux tombent d'en

(1) *Ibidem*, fo 159.

(2) Philippe II, né le 21 mai 1527, était roi d'Espagne depuis le 17 janvier 1556.

(3) Les chroniqueurs de la bonne ville de Bayonne ont-ils mentionné la terrible tempête du 9 septembre 1559 ?

hault et mectent à pieces tout le reste du chasteau (1), qui est pour fin de la presente, apres m'estre tres humblement recommandé à vostre bonne grace, priant Dieu,

Monseigneur, qu'il vous doint en santé longue vie.

A Bayonnne, ce xiie jour de septembre 1559.

Vostre tres humble, tres obeissant et affectionné serviteur,

A. D'ASPREMONT.

III (2).

Au roi François II (3).

Sire, j'ay receu la lettre que par le sieur de Lanssacq (4) vous a pleu m'envoyer, lequel, pour aulcunes causes, n'est peu venir icy, mais y a envoyé Duplecy, vostre varlet de chambre, pour me faire entendre la creance qu'il vous avoit pleu donner audict sieur de Lanssacq; et tant par le contenu de vostre dicte lettre que creance, ay entendu vostre volonté, vous remerciant très humblement, sire, de la fiance qu'il plaict à Vostre Majesté avoir en moy et de l'honneur qu'il vous plaict aussi de me faire de me tenir pour tel que je suis et seray, Dieu aidant, toute ma vie, et fauldray plustost à ma propre vie que non que je faille d'ung seul poinct d'ensuivre entierement jusques à la dernière goutte de mon sang les commandemens qu'il vous plaira me faire pour vostre service. Et n'ay guieres de voisin ny deça ni della qui osast, ni feust si maladvisé d'entreprendre, cognoissant ma complection, à me faire faire le contraire; et quant ores ils le voudroyent, j'espere en Dieu, Sire, que je vous feray coignoistre que j'ay puissance et volonté de vous faire très humble service. Au demeurant, Sire, je ne fauldray de donner tel ordre à ce qu'il vous plaict me commander, que j'espere que vostre volonté sera de tout ensuivye avec telle fidellité et obeissance que je

(1) Devant cette description qui nous montre si bien ce qu'était le château du Roi dans la seconde moitié du xvie siècle, on s'explique pourquoi le vicomte d'Orthe aimait beaucoup mieux la résidence de Peyrehorade que celle de Bayonne.

(2) Bibliothèque nationale, fonds français, vol. 15873. Ce volume n'avait pas de pagination quand je l'ai consulté.

(3) François II allait mourir quelques semaines plus tard (5 décembre 1560).

(4) Guy de Saint-Gelais, sieur de Lanssac, fils de Louis de Saint-Gelais. Voir *Notes et documents inédits pour servir à la biographie de Jean de Monluc, évêque de Valence*, 1868, p. 37-38.

vous doibz; et vous prometz ma foy, Sire, que je n'ay jamais craingt pour vostre frontiere de deça que trois choses : l'une le peu de souvenance que me semble que vous avez de ceste vostre frontiere, et l'autre le peu d'autorité et moyen qu'on m'a tousjours donné de commander et de despendre. Et mais qu'il vous plaise (1) vous souvenir de nous, hors la necessité, comme à la necessité; et qu'il vous plaise me faire entendre vostre volonté, et que vous me donnez moyen d'entretenir la despence que vous me donnez occasion de faire, je ne crains poinct que je ne vous face service en plus grand et avecq plus de moyen que beaucoup de gens ne peuvent. Mais il me semble, Sire, que c'est une grande pityé, car il y aura cinq ans au dernier de decembre prochain que je n'ay receu ung seul soul, pour estat que j'aye, ny pour despence que j'aye faicte, et vous promectz ma foy, Sire, que j'ay esté constrainct d'emprunter tant pour moy, que pour les soldatz qu'il plaict à Vostre Majesté que j'aye en charge, de tant de gens que je ne scay plus de quel cousté torner la teste : par quoy, Sire, je vous supplie très humblement y donner quelqu'ordre; et ne pencez, Sire, que ce que j'en dis soict pour m'excuser et faire mieulx si je puis, qui est pour fin de la presente, après m'estre recommandé très humblement à vostre bonne grace, priant Dieu,

Sire, qu'il vous doint en santé tres longue et heureuse vie.

De Peyrehorade, ce unziesme jour de septembre 1560.

Vostre tres humble, tres obeissant subject et serviteur,

A. d'Aspremont.

IV (2).

A Catherine de Médicis.

Madame,

L'occasion pour laquelle j'ay si longuement differé de vous escripre des affaires de ceste frontiere concernant le service du Roy, ç'a esté tant pour ce qu'il n'y est survenu chose qui fut digne de vous, qu'aussy voyant l'estat en quoy estoyent les affaires de France, je n'ay osé ny vouleu entreprendre vous importuner de ce qui pour le service de Sa Majesté est nécessaire en ceste ville, que le plus tard que j'ay peu. Qui est astheure, Madame, que je suis

(1) Pourvu qu'il vous plaise...
(2) Bibliothèque nationale, fonds français, vol. 3186, fo 97.

cunstrainct vous supplier tres humblement vouloir entendre que j'ay
fort souvent escript, et mesmement despuis deux ans, à ceulx qui
avoyent le maniement des affaires dudict sieur pour leur faire sçavoir le pauvre estat auquel sont les chasteaulx de Baionne et les
granges du Roy, où sont les munitions de Sa Majesté. En vous
disant au menu, Madame, ce qui y est necessaire, je craindrois vous
fascher de longue lettre, qui est cause que je vous en envoye presentement ung memoire de ce à quoy fault faire pourvoir promptement, vous supliant tres humblement, Madame, vous plaise commander que avant que les pluyes ne nous surviennent, il y soit
donné quelque ordre, car aultrement tout s'en iroit à flot et de nul
service, d'aultant que nous avons en ce pais l'esté fort court et les
pluyes fort longues.

Au demeurant, Madame, il a pleu au Roy et à vous me commander par vos lettres du xviiie jour de janvier passé, que j'envoyasse en
la court de parlement de Bourdeaulx le prisonnier nommé Nicolas
Bonencontre, que M. l'evesque de Limoges, ambassadeur de Sa
Majesté en Espaigne (1), avoit par le commandement du feu Roy
faict conduyre dudict Espaigne et delivrer entre mes mains; ensemble vous a pleu me commander de frayer ce que pour la despence
et conduicte dudict prisonnier seroit necessaire; suivant lesquels commandements de Sa Majesté et vostres je n'ay failly de l'envoyer à
Messieurs de la dicte court de parlement, ensemble son procez,
charges et instructions que j'avois receues dudict ambassadeur,
lequel prisonnier ensemble son procès ils ont receu, comme appert
par l'acquit que j'en ay. Pareillement, Madame, n'ay failly suivant
le commandement de Sa dicte Majesté et vostre, de frayer ce qu'a
esté besoing tant pour sa despence et garde, que pour le faire conduire audict Bourdeaulx; et vous asseure, Madame, que j'ay tant
faict et fourny pour le service dudict sieur que pour subvenir à la
despence qu'il me convient ordinairement faire, que je n'en puis
plus, et ne scay de quel cousté me tourner. Par quoy, Madame,
je vous supplie tres humblement m'avoir pour recommandé, et vous
plaise donner ordre que je soye payé de mes estats qui à quatre ans

(1) Sébastien de l'Aubespine, né en 1518, fut nommé évêque de Limoges en 1558;
il devint, en cette même année, ambassadeur auprès du roi d'Espagne, et il mourut le 2 juillet 1582. Voir sur ce diplomate, qui a été fort négligé dans nos recueils
biographiques, une notice de M. Louis Paris en tête des *Négociations, lettres et
pièces diverses relatives au règne de François Ier*, tirées du portefeuille de Sébastien de l'Aubespine (Paris, *Collection de documents inédits sur l'histoire de France*,
1841, in-4°.)

et la moitié de cestuicy que je n'ay receu ung seul soul. Ou si ainsi
ne vous plaict, je puis vous asseurer, Madame, que je suis reduict à
telle extremité, que je seray constrainct vendre une grande partie du
bien que mon pere m'a laissé, pour payer à ceulx qui m'ont presté,
ce que je vous supplie tres humblement encore ung coup ne vouloir souffrir, combien que, Madame, je vous puis asseurer que je
n'ay jamais eu peur que la volonté de despendre ma vie et mes
biens pour le service du Roy me faillist, mais je me crains grandement, s'il ne vous plaict à vostre grace, Madame, y donner quelque
ordre, que le moyen de quoy fournir à la despence me desfauldra (1).

Au surplus, Madame, je vous supplie tres humblement vous
plaize avoir pour recommander les pauvres mortes payes de Baionne
ausquels est deu trois ans et neuf moiz; et vous asseure, Madame,
qu'ils sont reduicts à telle extremité, que s'il ne vous plaict avoir
pityé d'eulx la pluspart mourront de faim, d'aultant qu'ils ne trouvent personne qui leur veuille faire credit pour vivre d'ung seul
soul, qui est pour fin de la presente, apres m'estre tres humblement
recommandé à vostre bonne grace, priant Dieu,

Madame, vous donner tres longue et tres heureuse vye.

De Baionne, ce xxie jour d'apvril 1561.

Vostre tres humble, tres obeissant et affectionné serviteur,

A. D'ASPREMONT.

V (2).

A Monsieur de Belsunce, capitaine et gouverneur d'Acqs (3).

Monsieur mon cousin, j'ay receu la lettre que du xvje de ce mois
m'avez envoyee et ensemble le double d'une lettre que dictes escrip-
voit Mathieu Doyenart, marchant de ceste ville, comme aussy ay le

(1) Les réclamations d'Adrien d'Aspremont se retrouvent dans presque toutes
les lettres des personnages qui, à la même époque, étaient au service du roi. Je
citerai surtout les réclamations adressées par le gouverneur de Bordeaux, Antoine
de Noailles, à Henri II, à François Ier, à Charles IX. Voir *Antoine de Noailles à
Bordeaux, d'après des documents inédits* (1878, in-8o, *passim*). Des plaintes qui,
au xvie siècle, s'élèvent alors de toutes parts contre le trésor royal, rapprochons les
plaintes qui retentissent, un demi-siècle après, dans une lettre du baron de Bé-
nac à Louis XIII (*Revue de Gascogne*, t. xx, 1879, p. 192).

(2) Copie conservée dans les archives municipales de Bayonne.

(3) Jean de Belsunce, vicomte de Macaïe, seigneur de Lissague. Voir sur lui un
excellent article dans le *Moréri* de 1759 (t. ii, p. 840-841.)

double d'une billette baillée par les fermiers de ceste ville en la coustume. Et quant à ce que me mandez par vostre d° lettre avez arresté huict berssos, vingt douzaines de bouletz et quatre douzaines de traitz qu'avez trouvé dans ung chalibardon (1) d'Auribat et qu'on les faisoit conduyre vers le Mont de Marssan, et que telles drogues (2) ne doyvent sortir d'icy sans mon congé, je vous puis asseurer que, si artillerie n'estoict que drogues, je larrois la cognoissance de cella aux appoticaires ou bien aux medecins qui sçavent comme se font les compositions pour evaccuer les malvaises humeurs; combien que aulcunes fois ils se trouvent bien trompez qu'en cuidant evaccuer les maulvaises ils evacuent aussi les bonnes. Et quant à ce que j'ay en charge, je vous asseure que, graces à Dieu, jusques aujourd'huy je puis dire qu'il ne si est rien faict par mon auctorité ny par ma connyvance chose de quoy ie ne puisse respondre jusques astheure. Et vous prie vous souvenir que le seneschal de Marssan a esté envoyé par commandement et par commission du Roy et du Roy de Navarre au Mont de Marssan, tant pour pugnir les seditieulx et mutins que aussi ceulx qui sans l'auctorité de Leurs Magestés s'estoient saisiz de la d° ville et faict beaucoup d'aultres choses que vous avez assez entendu. Et ce qu'en partie il en a faict est non seulement pour faire les dites pugnitions, mais pour la deffence de la ville et pour qu'on n'y tumbe en mesme inconvenient d'icy en avant. Par quoy je crains que, si inconvenient venoict aud. seneschal de Marssan pour la faulte de ce que vous luy avez arresté, que vous en pourriez estre grandement reprins. A quoy il me semble que vous debvez bien adviser et regarder de quel pied clouchent ceulx qui vous conseillent (3). Car ie croy que vous avez entendu qu'il y a une grande assemblée de ceulx qui menassent le Mont de Marssan assemblez a Grenade (4), comme aussi en y a il d'assemblez en beaucoup d'aultres endroicts aux environs. Et prenez garde qu'on ne vous cache à Dacqs ceulx qui ont esté condempnez aud. Mont de Marssan. Et quant à ce que vous me dictes en deux endroicts que vous vous esbahissez, je vous asseure que si ie pouvois ou scavois vous garder de vous

(1) Grand bateau plat.

(2) On reconnaît dans ce passage l'originale vivacité de langage d'un homme qui semble avoir été en toutes choses ennemi juré des demi-teintes, des nuances adoucies, en un mot de tout ce qui était modéré.

(3) Expression proverbiale qui n'a été recueillie ni dans le *Dictionnaire de Trévoux*, ni dans les autres ouvrages consacrés à notre vieille langue.

(4) Chef-lieu de canton du département des Landes, à 13 kilomètres de Mont-de-Marsan.

esbahir ie le ferois vouluntiers (1); toutesfois cella nest pas en ma
puissance, mais vous vous esbahirez tant qu'il vous plaira puisque
ie ne vous en puis garder. Il est vray que si au pacquet du Roy que
vous m'envoyastes Dacqs dernièrement, y eust quelque chose qui
vous eust importé, ie vous asseure ie n'eusse failly de le vous mander. J'en ay despuis receu ung aultre datté du viiiᵉ de ce mois dans
lequel il y avoit une lettre du Roy, une de la reyne et une du Roy
de Navarre, qui toutes portent une mesme chose, qui est en subs-
tance que le Roy catholicque envoye au Roy six mille Espaignols,
lesquels Sa Magesté veult et entend que ie face entrer dans son
royaulme et bien traicter et les face conduire dret à Tartas (2) et au
Mont de Marssan, et a commandé par mesme moyen à Monsʳ de
Burye les venir recueillir avecqᵉ une bonne trouppe de gens d'armes
et de gens de pied. Et m'a despuis led. sʳ de Burye mandé par la
dernieᴛe despeche qu'il ma envoyée qu'il les viendra prendre en ceste
ville; et cependant m'a envoyé une commission pour Tartas et une
aultre pour le Mont de Marssan, pour les envoyer quant il sera
temps pour dresser les estappes pour lesd. Espaignols. Et quant à ce
que vous me mandez que vous ne me manderez rien d'icy en avant
des nouvelles que vous aurez, je vous asseure que si ce nest de ce
que importera le service du Roy je m'en passeray avecqᵉ aussy peu
que vous vouldrez (3); et quant à cella ie m'asseure que le Roy et
ceulx qui sont les principalz autour de luy m'en manderont aussy
souvent pour le moings que à homme qui aict charge de luy en la
seneschaulcée des Lannes. Et ce qui le me faict dire, c'est que ie
sçay que ceulx qui sont autour de Sa Magesté sont princes et
seigneurs de bon jugement. Qui est tout ce que je vous puis mander
pour astheure, si ce nest pour supplier Dieu, Monsʳ mon cousin,
vous donner en santé longue vye.

De Bayonne, ce xixᵉ de may 1562.

A. DASPREMONT.

---

(1) Passage ironique et piquant qui fait penser aux injurieux reproches adressés
par le violent gouverneur de Bayonne au tolérant gouverneur de Dax et cités dans
l'*Avertissement*, d'après les registres municipaux dépouillés par *un Bayonnais*.

(2) Chef-lieu de canton du département des Landes, arrondissement de Saint-Sever.

(3) L'irascible caractère du vicomte d'Orthe ne se réflète-t-il pas dans les paroles
hautaines et amères qu'il adresse ici à *son cousin*?

VI (1).

Au roi de Navarre (Antoine de Bourbon).

Sire, je vous supplie tres humblement ne trouver maulvais et me tenir pour excusé, si j'ay differé si longuement de vous faire entendre des nouvelles de deça; car sachant en partie en combien de grandes choses vous avez esté empeché, il m'a semblé qu'il n'estoit besoing que je vous importunasse de mes lettres que le plus tard que je pourrois, mesmes aussi que vous sçavez trop mieulx, Sire, les difficultez et empechemens qui estoyent donnez aux pacquetz par les chemins; mais ayant entendu que à présent les chemins sont adelibrés (2), je n'ay vouleu faillir vous tenir adverty des nouvelles de ceste frontiere qui sont, Sire, que des trois mil soldatz espaignolz qu'il avoit pleu au Roy demander au Roy catholicque pour son service et secours, en sont entrées dans ce royaulme dès la fin du mois de juillet passé trois enseignes à raison de trois cens hommes pour chescune, desquelles estoit le chef et conducteur le sieur Don Diego de Carnayar, gouverneur de Fontarra (*sic*) (3), qui avoict deliberé de les anmener à Monsieur de Burie, suivant ce qu'il avoict pleu au Roy d'en commander; lesquelles trois enseignes je fuz recepvoir le plus honnestement de quoy je me peuz adviser, les accommodant de tout ce qu'il me fut possible sans qu'ilz entrassent dans ceste ville, et le tout suivant ce qu'il a pleu audict sieur et à vous me commander par vos lettres du huictiesme de may. Et estant arrivez à Capbreton qui, comme sçavez, est à trois lieues de ceste ville (4) et au della la riviere, ledict seigneur gouverneur de Fontarrabie se trouva si mal de la gravelle, qu'il ne peult passer oultre, ains ayant donné la charge au sieur Don Loys de Carnayar, son nepveu, de les amenner audict sieur de Burié, s'en vinst en ceste ville, lequel je y ay reçeu et faict pourveoir de tout ce qui luy a esté necessaire; et encores que despuis y estre arrivé il s'est trouvé presque guery, si n'a il jamais vouleu bouger que les dix enseignes qui restoyent, à raison de deux cens chascune, ne feussent arrivees, lesquelles estant

---

(1) Cette lettre, comme les lettres suivantes dont la provenance ne sera pas indiquée d'une façon précise, est tirée du Fonds Français.
(2) Connaissait-on cette forme ancienne du mot *délivrer*?
(3) Pour Fontarabie, en espagnol *Fuenterrabia*.
(4) Et à 37 kilomètres de Dax, chef-lieu d'arrondissement.

entrees dans ce royaume ont teneu le mesme chemin que les premieres, d'aultant que j'avois faict dresser (avant que les premiers passassent) les estappes pour tenir mil hommes. Et sont allez de St-Jehan de Luz à Biarritz (1), de Biarritz à Capbreton et après à Magescq (2), de Magescq à Tartas, et de là au Mont de Marsan, où Monsieur de Burie, à ce qu'il m'a mandé, a envoyé Monsieur de Gondrin (3) pour les recepvoir et les luy amener en toute dilligence; lesquelles dictes dix enseignes je n'ay failly aussi de les faire recepvoir et conduyre le plus honnorablement qu'il m'a esté possible, de façon que tant tous les principalz que les aultres s'en sont grandement contentez; et n'eusse failly les aller veoir pour mieulx vous en sçavoir rendre compte, n'eust esté qu'il me semble que je ne debvois abandonner ceste ville, ains à tous aventures et sans faire semblant de rien me tenir sur mes gardes. Toutesfois ne faillezis d'y envoyer ung gentilhomme qui entendoit fort bien ce qui estoict besoing pour leur conduicte, qui m'a assuré que les cappittaines desdictes dix enseignes sont gens de service et que ledict sieur roy catholique les a faictz choisir des meilleurs et plus experimentez qu'il eust; et oultre, Sire, m'a il esté dict et asseuré que, oultre les dicts deux mil soldatz, y en a il cinq cens ou plus parmy lesquels y a bon nombre de gentilhommes qui s'y en vont et suivent les aultres pour leur plaisir et pour faire service à Dieu et au Roy; et pour ce qu'il en passe et vient tous les jours qui disent y vont pour mesmes effect, et que je ne sçay comme il plaict audict sieur et à vous que n'en vienne d'icy en avant, je n'ay craingt vous supplier tres humblement, Sire, qu'il vous plaise me commander comme en cella et toutes aultres choses il plairra audict sieur et à vous que je m'y gouverne par cy après et me faire cest honneur et grace que, Dieu aidant, je ne veulx faillir au service de Sa Majesté et vostre, non plus que à ma propre vie.

Au demeurant, Sire, je vous supplie tres humblement vous souvenir comme je vous ay fort souvent escript que le Roy n'a pour la garde de ceste ville et pour celle des chasteaulx que cens soldatz mortes payes, ainsi que trop mieulx sçavez, assavoir trente sept

(1) Biarritz, Saint-Jean-de-Luz sont, l'un à 7, l'autre à 21 kilométres de Bayonne.
(2) Magescq est une commune du département des Landes, arrondissement de Dax, canton de Soustous, à 20 kilomètres de Dax.
(3) Pour M. de Gondrin, comme pour la plupart des capitaines gascons du xvı° siècle, voir dans les *Mémoires* de Jean d'Antras les excellentes notes de mon inappréciable collaborateur, M l'abbé de Carsalade du Pont.

aux chasteaulx, et soixante et trois pour la garde de la ville, qui
n'ont il y a cinq ans et demy receu ung seul sol, qu'est cause qu'ilz
sont reduictz à telle extremité et pauvreté que la plus part sont en
dangier de mourir de fayn; car ilz ont tant emprunté qu'astheure
qu'on veoyt ne sont payés, il n'y a personne qui leur vueille prester
aulcune chose; et au boult de cella, à ce que j'ay entendu, ledict
sieur et vous en avez cassez cinquante et retenu ceulx des chasteaulx qui sont des bourgeoys et marchands de ceste ville; en quoy
faisant il ne vous en demeure pour la garde de ceste ville que treize,
desquels vous en fault chascun jour aux quatre portes huit, assavoir deux à chascune pour le moins, quatre aux deux boultz des
rivieres pour la garde qui fault prendre aux chesnes, qui sont douze;
par ainsi ne vous y en reste qu'ung, tant pour accompaigner les
chefz à l'ouverteure et fermeure des portes que pour revisiter chascune nuict le guect et faire les rondes, qui est une chose fort nécessaire comme trop mieulx l'entindez, que pour s'il survient quelque
affaire en la ville, et que il faille que celluy qu'y commandera de
par le Roy aille veoir que c'est pour y donner ordre fauldra que ce
soict tout seul avecques son laquay. Et ne fault pas, Sire, qu'on
s'attende de pouvoir tirer service de ceulx qui sont aux chasteaulx
qui, comme les privileges qu'ilz ont les leur y permectent (sic). Vous
entendez, Sire, trop mieulx ces choses que je ne les vous sçaurois
dire, parquoy je vous supplie tres humblement y vouloir avoir
esgard, et ne vouloir souffrir, veu le temps en quoy nous sommes,
que je demeure icy si seul; car les deux cens hommes que Monsieur
de Burie m'avoict donnez pour la garde de ceste dicte ville, ilz n'y
ont esté entretenuz que seulement deux mois; et quand en avons
plus de besoing, c'est alors qu'ilz en sont allez pour n'estre paiez.
Le tresorier des dictes mortes payes m'a dict qu'il vous avoit pleu
luy faire bailler assignation pour dix huit mois pour les cinquante
qui estoyent retenuz et que vous feriez au mois de janvier prochain
remectre les aultres. S'il vous plaisoit à tout le moins, Sire, que ces
XVIII mois s'en soient convertis en neuf et qu'ils feussent deppartiz
à tous actendant qu'il plaise au Roy et à vous y pourveoir aultrement, j'essaieray de les faire contenter et retenir; car aussi ceulx
qui seroyent cassés, ceux à qui ilz doyvent les feroyent encor à
faulte de paiement mectre en ung cul de fosse, où pour n'avoir nul
moyen de les satisfaire seroient en dangier d'y mourir de faim, qui
seroict, Sire, une grande charge de conscience, oultre le desservice
que ce seroit pour le Roy, parquoy je vous supplie tres humblement,

Sire, encores ung coup, me commander ce qu'il vous plaira qu'il en soict faict.

Au reste, Sire, il y a ung de vos secretaires nommé La Mothe (1) qui est mon subgect et de la vicomté de Hourte, qui est grandement affectionné à ceste religion nouvelle, lequel m'a guasté une partie de mes aultres subgectz, ce que je ne luy eusse souffert n'eust esté le respect que j'ay eu à l'honneur qu'il a d'estre à vous; et pour ce qu'il continue tous les jours, et que cella est de telle importance que trop mieulx sçavez, je vous supplie très humblement, Sire, me commander de le faire chastier, ou bien luy mander que sorte de mes terres, car j'aymerois mieulx mourir que de souffrir plus cela, si ce n'est pas vostre commandement, qui est pour fin de la presente, me recommandant tres humblement à vostre bonne grace, priant Dieu,

Sire, vous donner en tres bonne santé tres longue et tres heureuse vie et à moy la grace de vous faire tres humble service.

De Baionne, ce cincquiesme jour d'octobre 1562 (2).

Vostre tres humble et tres obeïssant subgect et serviteur,

A. D'ASPREMONT.

VII.

A la reine Catherine de Médicis.

Madame, j'escrips presentement au Roy l'advertissant comme avant hyer quinziesme du present arriva en ceste ville ung subgect du Roy catholicque nommé le licencié Herzilla qui a charge d'une partie de la justice dudict sieur, et par son commandement a aussi faict conduire jusques en ceste dicte ville la somme de quinze mil escuz pour le payement et soulde des soldatz espaignolz qui sont en France pour le service de Sa Majesté. Or d'aultant, Madame, que à cause de ces troubles les chemins ne sont pas trop asseurés, ledict Herzilla a advisé d'envoyer ce pourteur exprès en poste

(1) Il est question de ce secretaire dans les *Lettres d'Antoine de Bourbon et de Jehanne d'Albret publiées pour la Société de l'histoire de France, par le marquis* DE ROCHAMBEAU (Paris, 1877, pp. 118, 119, 122). La nouvelle édition de la *France protestante* pourra profiter de ce que le correspondant du père de Henri IV nous apprend de ce zélé propagateur des idées calvinistes.

(2) Quelques jours plus tard, Antoine de Bourbon allait mourir à Rouen (17 novembre 1562), à l'âge de 44 ans.

avecques dés lettres adressantes au sieur Don Dieguo de Carnayar, lesquelles sont dans ce pacquet, et luy mande ce dessus aux finx qu'il luy face entendre ce qu'il aura à faire; et moy je n'ay vouleu faire faulte, Madame, d'en advertir le Roy et à vous, vous supliant tres humblement me commander quel moyen il vous plaict qu'on tieigne pour la seuretté et conduicte dudict argent, ou bien pour mieulx asseurer les choses, s'il plaisoict audict sieur et à vous faire delivrer à Paris aultant de somme audict sieur Don Diego, celle qui est icy pourra despuis estre pourtee et employee comme il plaira à Sa Majesté et à vous le commander, et si son bon plaisir et vostre est tel, fauldra seulement que ledict sieur Don Dieguo mande audict Herzilla qu'il tient pour receuz lesdicts quinze mil escuz et à vous, Madame, m'en commander la volonté dudict sieur et vostre, laquelle j'ensuivray en cella et en toutes aultres choses jusques au dernier poinct de ma vie, avecques l'aide de Dieu, auquel, apres mes tres humbles recommandations à vostre bonne grace, prie, Madame,

Vous donner tres longue et tres heureuse vie.

De Bayonne, ce xiie jour de decembre 1562.

Vostre tres humble et tres obeissant serviteur,

A. D'ASPREMONT.

VIII.

Au roi Charles IX.

Sire, je vous ay ces jours passez bien au long escript les façons et temeritez de quoy ung nommé Saubat de Sorhaindo (1), lieutenant en la mairerie de ceste ville, use tous les jours; et quant ces folyes et temeritez luy sont faillyes, je me craings qu'il veuille entrer en quelque chose pire qu'est cella; car encores hier xxiiie du present, il me manda par deux eschevins, estant moy à la messe, comme luy et ceulx du corps de la ville avoyent deliberé le jour ensuivant de faire assembler le peuple de ceste vostre ville, pour leurs commander de thenir eulx et leurs armes prestz, pour recepvoir d'eulx l'ordre et le commandement qu'ilz leurs vouldront faire, mais qu'il

---

(1) C'est le personnage dont il a été déjà question dans l'*Avertissement*. Voir sur d'autres membres de cette famille : *Une douzaine de documents inédits relatifs à l'Histoire de Bayonne* (1875, in-8°, p. 11).

fust temps de se mectre en armes ou en aultre esquipaige pour recepvoir Vostre Majesté. Et moy leurs ayant demandé qu'ils m'eussent à declairer s'ilz me disoyent cella pour maniere d'advertissement ou pour me demander congé, puisqu'il estoict question d'assemblée de peuple et de recepvoir commandement pour se metre en armes, ilz me dirent n'avoir commandement que de m'en advertir, mais qu'ilz parleroyent ledict de Sorhaindo et aultres du conseil et leurs remonstreroyent ce que je leurs avoys dict, et que après ilz m'en rendroyent la responce; ce qu'ilz ont faict le mesme jour après disner, et m'ont dict qu'ilz me disoyent cella par maniere d'advertissement et non pas pour me demander congé et que desja le jour de davant ilz avoyent faict publyer à son de trompe et de cry publicq la dicte assemblée. Sire, je ne sçay à quoy cella tend, ny à quoy cella pourroit venir, combien que je sçay bien que le peuple de ceste vostre ville, si on ne le meynne à faulces enseignes, n'entreprendra rien qui soict contre vostre service. Toutesfois, Sire, vous sçavez et avez très bien experimenté de combien de maulx peult estre cause ung maling qui a l'auctorité d'une ville entre ses mains, mesmes parmy gens peu experimentez non seulement en telles choses, mais en beaucoup moindres. Sire, vous sçavez aussi que les ordonnances de vos predecesseurs et de vous sont pleynes que telles choses ne se peulvent ny doivent faire gennerallement en tout vostre royaulme que ce ne soict pas vostre exprès commandement, et encores quant il est permis à quelques ungs par auctorité de vostre court de parlement ou de vos baillifs et seneschaulx. Vous sçavez, Sire, que c'est après leurs avoir faict entendre ce de quoy ils veulent parler et que ce soict pour la police et bien de leur chose publicque et qu'ilz s'assemblent sans armes et au moindre nombre que faire se pourra, leurs deffendans tres expressement de ne traicter d'aultre chose que de ce qu'ilz auront mis à l'avant par leur requeste et avecq commandement exprès que ce soict en la presence du procureur de Vostre Majesté en ce ressort là. Je vous laisse à pencer, Sire, si cella est plus dangereulx aux villes de frontiere que non aux aultres lieux, mesmes là où il n'y a que soixante et trois morte payes, et croy, Sire, qu'il souviendra très bien à Monseigneur le conestable que feu Monsieur de la Chapelle, mon predecesseur (1),

(1) Est-ce un fils de ce prédécesseur du vicomte d'Orthe qui figure dans les *Commentaires et lettres* de Blaise de Monluc (t. III, IV et V)? et qui prenait les noms et titres que voici : Antoine Lanusse, écuyer, seigneur de la Chapelle, conseiller du roi, vice-sénéchal de Guyenne?

l'advertist de mesme chose, lequel dict seigneur donna tel ordre que le Roy commanda qu'on n'usast plus de telz termes; et si (1) le temps n'estoit pas si dangereulx qu'il est. Par quoy, Sire, je vous supplie très humblement commander ce qu'il vous plaira qu'il soict faict pour vostre service, car je vous asseure que je me doubte fort que ce Sorhaindo de qui je vous parle ne demande sinon que soubz umbre de quelque honneste occasion mectre tout soubz sa main et après avoir monstré que c'est à luy à qui le commandement en appartient entreprendre quelque chose qui ne vauldra guières. Combien, Sire, que s'il vous plaict m'envoyer deux doytz de papier avecques vostre commandement et qu'on ne m'envoye rien ambigue, je le garderay bien de mourdre ny de ruer (2). Car je vous puis asseurer, Sire, que je ne craings rien sinon que vous trouviez maulvais quelque chose de moy, car je ne suis assez subtil pour desguiser les choses, comme sont beaucoup d'aultres, qui est cause qu'ilz ne craignent rien à faire, et vous puis dire pour vray, Sire, que j'ay servy vos predecesseurs et vous avecques fidellité et bonne volonté, comme aussy feray-je tant que la vie me durera et que vous l'aurez agreable; et si je sçavois mieux, je ferois mieulx; et vous puis dire veritablement que ce n'est poinct pour m'y estre enrichi. Je larray le surplus, Sire, à vous monstrer à l'œil à quant Dieu nous fera la grace de vous veoir icy ou bien à ce vous faire entendre quant j'auray cest heur de vous pouvoir faire la reverence, qui est pour fin de la presente, me recommandant tres humblement à vostre bonne grace, priant Dieu,

Sire, vous donner en tres bonne santé prosperité tres longue et tres heureuse vye.

De Baionne, ce xviii° jour de decembre 1564.

Vostre tres humble et tres obeissant subject et serviteur.

A. D'ASPREMONT.

IX

A la reine Catherine de Médicis.

Madame, j'ay receu les lettres qu'il a pleu au Roy et à vous m'envoyer du xxix° du passé pour la reception de Monsieur le

(1) *Et si*, dans le sens de *et cependant*. Voyez Littré, *Dictionn. de la langue fr.*, art. 2 *si*, 16°.

(2) Le vicomte d'Orthé lui seul pouvait user, dans une lettre au roi, d'une telle liberté de langage à l'égard d'un adversaire.

comte d'Aiguemont (1), lequel arriva en ceste ville le lundi xiie jour du present entre neuf et dix heures du soir; et incontinent avoir entendu qu'il estoict sur le pont, envoyez lui demander s'il vouloit entrer pour ce soir dans la ville, pensant qu'ayant luy commandé en villes de frontiere, comme il a, il seroict si discret que de dire que non. Toutesfoys il fist par responce qu'il me prioyt qu'il entrast, ce qu'ayant sceu je m'en alliz tout aussitost lui ouvrir les portes et le recueilliz le plus honorablement qu'il me fust possible, estant accompaigné d'une bonne troupe des plus principalz de ceste ville, et après le conduyz au logis que je lui avoys faict preparer, où je luy fiz dresser son souper au moingz mal que je peuz, et nous servirent les quelques pastez de venaison que j'avoyz de reserve pour luy faire trouver goust au bon vin que nous luy donnasmes (2). Pour conclusion, Madame, il y a receu un si honneste et gratieulx traitement qu'il dict qu'il s'en contentoyst grandement, et si j'eusse peu ny sceu faire mieulx, j'eusse faict mieulx suivant le commandement qu'il a pleu à Voz Majestez m'en faire. Et quant aux chevaulz qu'il faict venir, il m'a dict qu'il n'en y a que neuf, lesquelz je feray passer en toute liberté et sans aulcun empeschement suivant vostre intention et commandement. Il ne voulut sesjourner en ceste ville que une nuict, et s'en partist le lendemain au matin et me dict que, à cause de l'incommodité des chevaulx de poste, qui est despuis, Bourdeaulx jusques en ceste ville, il avoit esté constraint de prier à Monsieur de Rostaing de ne luy thenir compaignie plus avant que dudict Bourdeaulx; combien que ledict sieur de Rostaing arriva icy mercredi dernier environ les onze heures du matin, qui m'a baillé les lettres qu'il plaict au Roy et à vous m'escripre par luy; et encores que quant il arriva il estoict bien temps de disner, si ne vouleust-il se mettre à table sans plustost aller regarder les commoditez ou incommoditez des lieux où se pourra dresser vos logys (3), où je luy

---

(1) Lamoral, comte d'Egmont, né en 1522, fut décapité, comme rebelle, le 5 juin 1568. Le héros de Saint-Quentin et de Gravelines se rendait alors auprès du roi Philippe II. Il était parti pour l'Espagne le 18 janvier et il arriva à Madrid au commencement du mois de mars. Voir l'article consacré au grand capitaine dans la *Biographie nationale,* publiée par l'Académie royale de Belgique, t. vi, 1878, p. 490-509. Cet article est de M. Th. Juste, l'auteur de l'ouvrage intitulé : *Le comte d'Egmont et le comte de Hornes, d'après des documents authentiques et inédits* (1862).

(2) Trouverait-on ailleurs d'aussi précis détails sur la réception faite à Bayonne au comte d'Egmont et principalement sur ces pâtés et sur ce bon vin qui lui furent offerts avec tant de bonne grâce par le gouverneur?

(3) En vue du séjour de la cour de France à Bayonne, où Charles IX devait, au

tins compaignie comme aussi ai-je faict tousjours despuis, et ne cesse de regarder pour accommoder les choses au moingz mal qu'il pourra. Il est vray qu'en ce qu'il se trouve plus empesché, c'est qu'il n'a peu trouver lieu plus commode et à propous pour faire dresser la grand salle et auctres choses qu'il veult faire faire, qu'est l'endroict où sont les munitions ou la plus grand partie, comme est de l'artilllerie, pouldres, courceletz, picques et harquebuzes; et à cause qu'il ne peult executer son desseing sans remuer les dictes munitions, ne luy ni moy n'y avons voulu toucher sans plustost en advertir Vos dictes Majestez pour qu'il vous plaise en commander ce qu'il vous plaira. Et pour ce que je sçay, Madame, que le dict sieur de Rostaing vous en escript presentement plus au long, je ne vous importuneray de plus long discours, si ce n'est que je doubte fort que si d'ailleurs n'y est pourveu, nous aurons icy grand faulte de tous bledz et principallement d'avoynne, comme aussi aurons-nous de foing et de paille; car je vous puis assurer, Madame, qu'en ce pais en y a eu fort peu ceste année; toutesfoys je ne fauldray aultant que j'en trouveray de le faire mectre tout soubz la main de Voz Majestez et de les faire pour vostre service amenner en ceste ville avecq l'aide de Dieu auquel, après mes tres humbles recommandations à vostre bonne grace, prie, Madame, vous donner en tres bonne santé longue et heureuse vie.

De Baionne, ce xviij⁰ jour de febvrier 1565.

Vostre tres humble et tres obeissant serviteur.

D'ASPREMONT.

X (1)

A la reine Catherine de Médicis.

Madame, j'ay receu la lettre que du xxii⁰ du passé vous a pleu m'envoyer; et suivant ce que par icelle vous plaict me commander, je n'ay failly d'oster de la granche des munitions où l'on faict dresser

mois de juin, avoir une entrevue avec la reine d'Espagne, sa sœur, entrevue sur laquelle on a tant écrit et sur laquelle on écrit tant encore. Mentionnons, à cette occasion, une lettre adressée à Catherine de Médicis par les magistrats municipaux de Bayonne, le 12 mai 1565, au sujet du voyage de la cour de Dax à Bayonne. On y annonce à la reine que la ville de Bayonne a fait faire deux bateaux pour ledit voyage. (Fonds français, vol. 15875, f⁰ 483.)

(1) Bibliothèque nationale, fonds français, vol. 15880, f⁰ 84.

les salles, les pouldres, artillerie et aultres choses qui convenoyent
rəmuer, et icelles pouldres ay faict mectre et retirer au Chasteau
neuf. Et d'aultant qu'il n'y avoict lieu pour sarrer le reste, je l'ay
faict mectre dans le Chasteau Vieulx. Mais, Madame, s'il ne vous
plaict nous envoyer ung commissaire de l'artillerie, quelques cano-
niers et charrons pour mectre les pieces en l'estat qu'il est besoing
pour s'en pouvoir aider, je vous puis asseurer qu'elles sont si mal,
comme je vous ay cy devant fort souvent escript, que sans poinct
de faulte on ne s'en pourra servir à la venue de Voz Majestez et de
la Reyne catholique; par quoy je vous supplie tres humblement,
Madame, vous plaise commander que ledict commissaire de l'artillerie et lesdictz canonniers et charrons s'en viennent pour y donner
ordre, car pour vray, Madame, en toute ceste ville vous n'avez que
ung canonier qui, oultre qu'il a plus de quatre vingts ans, il est si
mallade et impotent qu'il ne peult rien faire.

Au demeurant, Madame, estant Monsieur de Remboillet (1) arrivé
en ceste ville, il m'a dict qu'il vouloict regarder les chasteaulx pour
y loger de gens, ce que je ne luy ay voulu permectre, sachant que
les chasteaulx des villes de frontiere ne se doibvent ainsi monstrer
sans l'exprès commandement de ceulx à qui ilz sont et de qui on les
a en charge; mesmes, Madame, que vous entendez trop mieulx qu'ilz
ne sont pas dedyez pour cella et aussi que y ayant faict retirer
(comme dict est) la plus part de voz munitions, il n'y a coing qui ne
soict empesché, comme s'il vous plaict en prendre la peynne vous
pourrez veoir quand Vostre Majesté sera par deça. Par quoy, Madame, je vous supplie tres humblement commander audict sieur de
Ramboillet qu'il ne touche poinct ès dicts chasteaulx, car quant à
moy aussi je ne suis pas deliberé de le lui permectre sans l'exprès
commandement de Vos dictes Majestez.

Au surplus, Madame, il vous plaict me commander par vostre
dicte lettre que vous estes d'avis que je face seurement conduyre
jusques à Bourdeaulx ce flamant que par le commandement du Roy
j'ay retenu icy, et que de là on le fera conduyre en Flandres, et que
je luy die que si jamais on le retreuve dans ce royaulme qu'il sera
pendu et estranglé; sur quoy, Madame, je vous diray, s'il vous plaict,
qu'il m'a semblé que cella prouffictera de bien peu à cause qu'il est
maryé et acasé(2) en Espagne, et, encores que sa famme soict morte,

(1) Nicolas d'Angennes, seigneur de Rambouillet, était alors un des gentilshommes servants du roi, et grand maréchal des logis de la maison de Charles IX qui,
l'année suivante, l'envoya en Angleterre comme son ambassadeur extraordinaire.
(2) C'est-à-dire établi, installé. Le mot manque à tous nos dictionnaires.

il y a ses enfans, et par ainsi il trouveroit tousjours moyen de s'y en retorner quant il vouldroit ou par mer ou aultrement, et la despence qu'il conviendroict faire de le faire conduyre audict Bourdeaulx et de là en Flandres, me semble, seroict mal employée et ne serviroict de rien, et d'icy en Espaigne n'y a que cincq lieues où il pourra estre menné à bien peu de fraiz, si ainsi plaict à Vos Majestez. Mesmes aussi, Madame, vouz ne me commandez pas par vostre lettre entre les mains de qui, quant il sera à Bourdeaulx, vous plaict qu'il soict delivré; par quoy, Madame, vostre bon plaisir sera m'en faire commander par Sa Majesté et Vostre ce que vous plaict que j'en face, affin que cella me serve de descharge; car suivant le commandement que ledict sieur et vous m'avez faict par voz leitres du xxie jour de decembre, je l'ay retenu; et à cause que ledict Flamant et son compaignon doyvent donner toute la despence qu'ilz ont faicte despuis qu'ilz sont icy et qu'ilz n'ont ung seul sol pour la payer, vous plaira, Madame, commander ou au recepveur des tailles, ou à celluy du domayne satisfaire la despence qu'on trouvera avoir pour eulx esté faicte, car je vous puis asseurer, Madame, que j'ay tant despendu et despens tous les jours que je n'y sçaurois donner ordre, qui est l'endroict où je me recommanderay tres humblement à vostre bonne grace, priant Dieu, Madame, vous donner en tres bonne santé tres longue et tres heureuse vye.

De Baionne, ce viie jour de martz 1565.

Vostre tres humble et tres obeissant serviteur.

A. Daspremont.

XI (1)

Au capitaine Martin.

Cappitaine, j'ay receu le pacquet que Monsieur de Monluc me a envoyé dans lequel j'ay trouvé une lettre que le dit seigneur de

(1) Archives municipales de Bayonne. Cette lettre et les deux suivantes sont entourées d'une feuille de papier portant cette inscription : « Trois lettres missives pour montrer que le feu cappitenne Martin n'a commandé en ceste ville comme homme d'armes, ains en qualité de lieutenant de Monsieur le visconte d'Orthe, gouverneur. » Le 26 décembre 1566, avis de l'arrivée des blés est donné au corps de ville par le capitaine Martin de Quintanes (Archives municipales de Bayonne). En ce même mois, ledit capitaine avait succédé comme lieutenant du gouverneur de Bayonne à Jehan de Roquefort, sieur de Bastans, car le 11 décembre 1566, le corps de ville donne *certification* audit Jehan de Roquefort, lieutenant de *Monsieur le vicomte d'Orthe*, comme quoi il n'est pas à la connaissance dudit corps que ledit sieur ait reçu des gages, depuis l'an 1557 qu'il était lieutenant (Archives municipales de Bayonne).

Monluc envoye au juge de l'amirauté, laquelle vous ly feres incontinent tenir, car c'est pour les afaires du Roy. S'il est à Saint-Jehan de Luz, vous l'y envoyerez par la voye de la poste, ensemble une autre que je luy escriptz; et s'il est à la ville, luy bailherés lesdites lettres ou les y ferez bailler; et d'icy en avant, se il y vient pacquet de lettres à moy adressant soyt du Roy ou de ceulx qui ont commandement en ceste Guienne, vous l'obrirez et regarderez ce que ils comandent; et si c'est chouse que vous le puissiez faire sans moy, vous l'executerez avec le conseilh de Monsieur Dibarssolle ou autres que je vous ay nommé quand je suys party de Bayonne, et apres me envoyerez ledict pacquet; et si c'est que le pacquet de lettres me soyt envoyé d'autre ne ayant charge, vous le me envoyez cloz et fermé et sans l'obrir, qui est pour fin de la presente, priant Dieu, cappitenne, qu'il vous donne ce que plus desirez.

De Peyrehorade, le xxvje jour de decembre mil cinq cens soixante six.

Votre bon cappitenne et meilheur amy,

A. D'ASPREMONT (1).

XII

Au capitaine Martin.

Cappitayne Martin, j'ay receu une lettre que vous m'aves envoyee qui est de Monsieur de Fourquevaulx, lequel me mande qu'il m'envoye ung paquet pour estre envoyé au Roy. Vous ne me mandes point si vous l'avés despeché suyvant la lettre de Monsieur de Fourquevaulx (2), laquelle vous aurés veue, car je l'ay trouvé houverte. Je vous prie, mandés-moy ce qui en est, et s'il vous en vient quelque aultre pour estre envoyé au Roy ou à la Royne, il ne vous fauldra si non que y mettez une couverture de par moy, sans escripre aultre chose, et l'adresser au Roy ou à la Royne; qui est

(1) Au dos de cette lettre et des deux lettres suyvantes on lit l'adresse que voici :

Au capitaine Martin mon lieutenant
à Bayonne.

(2) Raymond de Beccarie de Pavie, baron de Fourquevaux, ambassadeur en Espagne depuis 1563. Voir sur ce diplomate toulousain les *Mémoires* de Jean d'Antras (p. 90).

pour fin de la presante, priant Dieu, cappitaine Martin, qu'il vous aye en sa garde.

De Peyrehourade, ce xix° de febvrier 1567.

Le bien v^re,

A. DASPREMONT.

Cappitaine Martin, j'avoys oblié à vous dire que vous me faciez venir M. Nycolles le tailheur, je vous prie, et dire qu'il ne faille d'estre demain ysi de bonne heure et qu'il apporte ses sizeaulx et de la soye.

XIII

Cappitaine Martin, j'ay receu les lettres que par Peytau présent pourteur m'avés envoyé, qui sont en somme pour que ung gentilhomme piemontoys qui porte quelques choses ne soyt point visité et que l'on ne luy face point paier les droicts de la coustume. Pa^r quoy, vous prieray de ma part et les coustumiers de le volloir ainsi faire. Je vous eusse renvoyé plustost Peytaud n'eust esté que je n'estoys point ysi quand il est venu et qu'il a falleu qu'il me soyt venu trouver à Dacqs; et en revenant de là je me suys trouvé si mal que je ne vous ay pas peu respondre jusques asteure. Au demeurant vous regarderez de ne m'envoyer dors en avant homme qu'il failhe que je paye, si ce n'est pour le service du Roy; qui est pour fin de la presante, priant Dieu, cappitaine Martin, qui vous aye en sa sainte et digne goarde.

De Peyrehourade, ce xxvj° de febvrier 1567 (1).

Le bien vostre

A. DASPREMONT.

(1) En l'année 1567, le vicomte d'Orthe assista (*Revue de Gascogne* d'octobre 1876, p. 451) à l'assemblée des états du Béarn, où fut faite une ardente opposition aux ordonnances de Jeanne d'Albret contre la religion catholique. L'abbé Poeydavant (*Histoire des troubles survenus en Béarn*, t. I, p. 272) donne à ce sujet quelques détails qui montrent une fois de plus l'énergie de caractère de l'adversaire de la reine de Navarre : « De ce nombre fut le vicomte d'Orthe, de la maison d'Aspremont, dont les auteurs signalèrent de tout temps leur zèle pour la foi catholique, et qui sollicité par le fameux Sainte-Colombe, frère de celui qui périt à Rouen, s'y transporta malgré la goutte qui le rendait perclus. » C'est ici l'âme qui commande au corps, comme une reine impérieuse à un vil esclave. En la même année 1567, le 16 avril, Adrien d'Aspremont, « chevalier de l'ordre du Roi, seigneur et vicomte d'Orthe, gouverneur de Bayonne, » signa le contrat de mariage de Philibert de Gra-

XIV (1)

Au roi Charles IX.

Sire, sabmedy viii⁰ de ce moys, don Juan d'Acuigne, gouverneur de Fontarrebie, m'envoya une lettre par laquelle m'a mandé estre besoing pour le service de Vostre Majesté et de celluy du Roy catholicque que luy et moy partissions ensemble, et que si je me voullois treuver en la maison d'ung gentilhomme qui se nomme Urlebre qui est à une lieue deça Fontarebie le lundy x⁰ suyvant, qu'il s'i treuveroit. Or, Sire, deux moys auparavant Messieurs de Bajaumont (2) et de Sainct-Orens (3), par Vostre Majesté commandez à recepvoir et conduire les quatre mil Espaignolz, me dirent avoir affaire de parler audict gouverneur pour le faict de leur charge en ma présence; à rayson de quoy luy mandasmes que tous troys l'yrions treuver audict Fontarrebie, lequel fut si honneste de nous mander qu'il viendroit en ceste vostre ville, ce qu'il fist. Et d'aultant que je sçay bien que les Espaignols veullent qu'on leur rende la pareille, je luy escriptz l'yrois trouver audict Fonterrebie, ce que fiz ledict lundy à disné; où estant me monstra une lettre que ledict Roy catholicque luy a envoyée, par laquelle ledict sieur luy commande sçavoir de moy quelles nouvelles on avoit de la paix comme celluy qui le debvoit sçavoir, me priant ledict gouverneur luy voulloir dire comme toutes choses passoyent; auquel respondiz que n'estois si avant du conseil de Vostre Magesté que de luy sçavoir resoluement dire ce qu'en estoit; mais affin que ledict Roy catholicque sur ma response n'eut occasion faire retarder le passaige desdicts quatre mil Espaignolz, je monstrois audict gouverneur deux lettres que Monsieur de Monluc m'avoit envoyées et une de Monsieur de Monferran (4), celle dudict sieur de

mont et de Diane d'Andoins (*Mélanges Clairambault*, vol. 1084). Je recommande aux généalogistes de notre chère Gascogne les documents manuscrits ou imprimés contenus dans les divers volumes de ces Mélanges. S'ils prennent le volume qui précède celui que je viens de citer, ils y trouveront, par exemple (fo 125), le contrat de mariage de Jean de Belsunce et de Rachel de Gontaut Saint-Geniez (du 9 mars 1584).

(1) Bibliothèque nationale, fonds français, vol. 15551, fo 230.

(2) Sur François de Durfort, baron de Bajaumont, voir les *Documents inédits pour servir à l'histoire de l'Agenais*, p. 112, note 1.

(3) Sur François de Cassagnet-Tilladet, seigneur de Saint-Orens, voir les *Mémoires de Jean d'Antras*, p. 153, note 112.

(4) Charles de Monferrand, maire de Bordeaux. Voir sur lui les *Commentaires* de Blaise de Monluc (*passim*).

Monferran du dernier du passé, par lesquelles ilz me mandoient n'y avoir paix ny espérance qu'il s'en fist pour ce coup. Aussi me dict ledict gouverneur que sa dicte Majesté catholicque luy avoit mandé que les passaiges de Perpignan et Rozillon par lesquelz ledict sieur Roy avoit accoustumé envoyer ses despesches à don Frances d'Alabe, son ambassadeur prez de Vostre Magesté, estoient fermez, à cause de quoy, et qu'il luy a semblé que le plus expedient est d'envoyer lesdictes despesches en après par ce cousté de deçà, luy a commandé me bailler ung paquet que ledict sieur envoye à son dict ambassadeur; et m'a demandé ledict gouverneur si je vouldrois faire ce service à son maistre de l'envoyer par ung messagier de pied qui à son advis seroit plus asseuré que n'est à cheval; auquel, Sire, voyant l'amitié qu'est entre Vostre Majesté et ledict Roy catholicque, et estimant ne le trouveriez mauvais et pour que Sa Magesté catholique n'eust occasion de s'en mescontenter, ay respondu que voluntiers je l'envoyeray audict ambassadeur. Et ayant achevé ces propoz m'en retourniz le soir à Sainct-Jehan de Luz. Et suyvant ceste conclusion le dict gouverneur m'a envoyé par homme exprès yer un pacquet qui s'adresse audict d'Alabe ambassadeur, me priant le luy faire tenir, lequel, Sire, par ce pourteur je vous envoye pour en ordonner ce qu'il vous plaira. Et si vous plaist que ledict ambassadeur ayt ledict pacquet, je vous supplie tres humblement commander que ce dict pourteur luy baille ensemble une lettre que je luy escriptz qui est cy encloze pour que Vostre Magesté la face veoir. Et si ne vous plaist que ledict pacquet soyt baillé audict ambassadeur, me semble, Sire, sera bon que je die ledict messagier avoir esté destroussé par les esnemys : sur quoy plaira à Vostre Majesté me commander ce qu'à elle plaira que je face, et aussi si m'envoyent d'autres despesches, pour l'ensuyvre et en toutes autres choses jusques au dernier souppir. Au demeurant ledict gouverneur m'a dict que les huguenaults sont entrez en deux villaiges dudit Roy catholicque prez Perpignan lesquelz ont pillez et sacagez, de quoy Sa Majesté catholique a esté extremement faschée, ayant sur ce faict assembler ceulx de son conseil ausquels a dict telz ou semblables propoz : C'est ung grand cas de ces genz là qu'ils ne se veullent contenter, mais encore se prennent à moy.

Sire, Montamat (1) ayant charge de lieuctenant de la Reyne de Navarre par toutes ses terres et seigneuries, m'a faict cest honneur

---

(1) Bernard d'Astarac, baron de Montamat. Voir sur lui les *Commentaires* de Blaise de Monluc (t. III, p. 111).

que de me venir visiter en vostre viconté d'Orte, jusques à deux traictz d'arbaleste près de Peyrehorade avec *toutes ses forces*, d'où ayant esté receu comme bons et loyaulx subjectz doyvent recepvoir voz rebelles, s'en est retourné; qui me donne asseurance qu'il y avoit d'autres gens audict Peyrehorade que les cinquante arbalestriers qui estoient venus à Baionne pour tuer des merles.

Quant aux affaires de vostre ville de Baionne, graces à Dieu, tout se porte bien jusques aujourd'huy, encores qu'elle soyt aussi mal pourveue de toutes autres choses que de ce que ceulx de la dicte ville et moy avons moyenné pour vous y faire service. Et ne vous voullant importuner de plus longue lettre, estant asseuré que vous avez prou d'autres affaires, feray fin à la presente par mes tres humbles recommandations à vostre bonne grace, priant Dieu,

Sire, qu'il vous doinct en sancté longue vie, et vous doinct grace de nous faire vivre à tres tous en l'obeissance que vous debvons.

De Baionne, ce xiiij^e d'apvril 1570 (1).

Vostre tres humble et tres obeissant serviteur et subject,

A. D'ASPREMONT.

Sire, il vous plaira entendre que selon ce que j'ay peu coignoistre, le Roy catholicque se desavoue de quoy les quatre mil Espaignolz ne luy ont esté demandez et sollicitez par Monsieur de Fourquevaulx, vostre ambassadeur, et non par Monsieur de Sainct-Orens au gouverneur de Fontarebie et au coronel Solis. Vostre Majesté advisera, s'il luy plaist, de commander audict sieur de Fourquevaulx de les luy demander, car autrement je me doubte que cella luy servira d'excuse.

XV (2)

Au roi Charles IX.

Sire, j'ay receu la lettre qu'il a pleu à Vostre Majesté m'escripre en dacte du xie avril dernier et ne l'ay receue que le viie du présent,

---

(1) On trouve dans le même recueil (f° 223) une lettre, écrite au roi, la veille de ce jour, par les habitants de Bayonne, lesquels mandent à Charles IX qu'ils ont fait une assemblée chez le vicomte d'Orthe, leur gouverneur, pour aviser aux moyens de faire réparer les brèches des murailles de la ville, parce que le comte de Mongomery est avec une armée près de leur frontière, etc.

(2) Bibliothèque nationale, fonds français, vol. 15551, f° 299.

dont Vostre Majesté me mande de faire passer les Espaignolz. J'ay escript trois fois à Vostre Majesté que les Espaignolz disent que on leur a escript du costé de France et asseuré que Vostre Majesté avoit faict la paix et qu'ilz ne passeront poinct qu'ilz n'ayent ung nouveau commandement du Roy d'Espaigne, et que si Vostre Majesté les veult, comme il les demande, dont en escripriez au Roy d'Espaigne, vostre beau-frère, pour les faire passer ou bien à vostre ambassadeur pour le luy dire, car le Roy d'Espaigne a mandé au gouverneur de Fontarabye ainsy qu'il m'a dict, que c'estoit moy qui demandoit les Espagnols. Sy Vostre Majesté en a affaire, comme je vous ay escript, fauldra que vous mandez à Monsieur de Fourquevaulx, car ilz sont touz pretz sur le passaige de Victoire et me meynent sepmaine pour sepmaine qu'ilz passeront et me tiennent toutjours en ceste dissimulation, car ilz m'ont escript cent lettres et y ay encores deulx hommes et leur ay envoyé tout quand et quant la lettre que Vostre Majesté m'a escript. Monsieur le mareschal Damville m'a mandé qu'il les falloit emploier en quelque autre lieu, car il n'en avoit poinct d'affaire en Languedoc. Sy vous plaist Vostre Majesté me mandera si elle veult qu'ilz passent et le chemyn qu'il vous plaira que je les meynne, ce que je ne feray poinct de faulte à l'ayde de Dieu auquel je prye,

Sire, vous donner en parfaicte sancté tres heureuse longue vye en prosperité.

De Bayonne, ce viiie may 1570.

Vostre tres humble et tres aubeyssant (1) subject et serviteur,

A. D'ASPREMONT.

XVI (2)

Au duc d'Anjou.

Monseigneur, j'ay receu par Monsieur de Beaumont un pacquet de lettres auquel estoit la subscription du Roy. Et dans icelluy en ay trouvé une qu'a pleu à Vostre Haultesse m'envoyer et une autre

---

(1) *Sic.* De toutes les lettres recueillies ici, c'est la seule où le vicomte d'Orthe, dont l'écriture est abominable et à peine formée, ait pris la peine de retracer la formule finale. Partout ailleurs il se contente de signer et encore comment signe-t-il ! L'*A* d'Adrien s'enchevêtre dans la première lettre de *Daspremont* et le tout forme un indéchiffrable assemblage.

(2) Bibliothèque de l'Institut, collection Godefroy, portefeuille 257.

qui s'adresse au marquis de Canillac (1) que je croy on m'a envoyé pensant estre celle que Sa Majesté m'envoyoit. Toutesfoys ayant entendu le contenu en la vostre et m'assurant que la voluntié de Leurs Majestés et vostre sont conformes, et aussi entendu la creance dudict s' de Beaumont, je n'ay voulu faillir de satisfaire à ce qu'il vous a pleu me commander, et pour cest effect ay incontinent despeché par tous les lieux et endroicts où a pleu au Roy me donner commandement pour faire cesser toutes voys des ostilités. Combien, Monseigneur, que les ennemys de Sa Majesté et vostres sont dans Peyrehorade et l'armée espandue par là autour, qui viennent jusques à une rivière qui est à deux lieues de ceste ville, laquelle je fays garder le moings mal qu'il m'est possible, tant parce que se faisant maistre d'icelle ils pourroient venir jusques aux portes de ceste ville que aussy pour que les autres subjects du Roy de ces environs ne soient si maltraités qu'ont esté ceulx d'Orthe. Car les anciennes forces qu'a plu à Sa Majesté me donner sont bien petites et foibles pour les garder de mal faire.

Au demeurant, Monseigneur, je serois trop long de vous discourir par escript l'estat des affaires de ceste dicte ville et frontieres. Mais je l'ay faict bien au long entendre audict s' de Beaulmont qui le vous scaura tres bien dire s'il plaist à Vostre Haultesse l'escouter, et vous suppliant tres humblement, Monseigneur, d'y vouloir faire donner quelque ordre specialement en ce qui concerne la garde de ceste dicte ville. Car je vous promects qu'il en est bon besoing et m'est impossible de la bonnement deffendre, si affaire y survenoit, avec si peu de moyens que j'ay, ainsy que j'ai plusieurs fois faict entendre à Leurs Magestés et à vous. Toutesfoys je feray tout ce que je pourray et despendray la vye pour le service du Roy et vostre.

Monseigneur, je supplieray le Createur vous maintenir en santé, prosperté, heureuse et longue vye, me recommandant tres humblement à vostre bonne grace.

De Baionne, ce xx⁰ d'aoust 1570.

Vostre tres humble et tres obeissant serviteur,

A. DASPREMONT.

A Monseigneur.

---

(1) Peut-être Jean de Beaufort, marquis de Canillac, qui, à cette époque même (1570) défendit contre une attaque des protestants la ville de Saintes.

XVII (1).

Au duc d'Anjou.

Monseigneur, parceque je m'assure que vous verrez ce que j'es-
critz presentement au Roy, je me garderay de vous ennuyer par long
escript, si ce n'est pour vous supplier très humblement qu'il vous
plaise considerer l'importance de Baionne au service de leurs Magestés et vostre et au deffault qui est en icelle de tout ce qui y est requis,
ainsi que j'ay plusieurs fois faict entendre à icelles et voir. Quant à
moy, quant le Roy ne m'auroit donné en charge que deux feux de
paille, j'espere en Dieu qu'il me donra la grace de mourir entre deux
les armes au poing comme ung gentilhomme doibt faire (2). Au demourant, Monseigneur, messeigneurs les princes de Navarre et de
Condé sont au Mont de Marsan (3). Je fusse volontiers allé jusques
là, n'eust esté qu'à l'occasion de ma cheute j'ay le bras droict qui me
faict encore grand mal, principalement pour leur faire la reverance,
et aussi pour voir la compaignie qui est là. On faict courir le bruict
de deça que mondict sieur le prince de Navarre s'en revient à Pau.
Au reste, Monseigneur, je vous supplye très humblement ne trouver
mauvais que j'ay voulu vous ramentavoir ma pouvretté qui est telle
que je vous promectz qu'oncques je ne fuz si mal, car il y a trois
ans que je n'ay receu ung denier et depuis ce temps tousjours [eu
recours] à l'emprunt. Mais à présent je suis au bout de mes credictz
oultre qu'il m'est deu de trente huit à quarante mil livres des arre-
rages de mes estatz. Vray est qu'en deduction de ceste somme le
Roy m'avoit donné assignation de treze mil quatre cens livres sur les
deniers extraordinaires de Guyenne, à la poursuyte de laquelle ung
gentilhomme que j'avois envoyé en court m'a despendu deux ou
trois cens escuz, et enfin j'ay trouvé qu'elle estoict faulse, car il n'y
eust jamais de telle nature de deniers de quoy le Roy n'aict faict ainsi

(1) Bibliothèque nationale, fonds français, vol. 15554, fo 38.

(2) La familiarité de la phrase ne l'empêche pas d'être bien énergique, de sonner
bien fièrement et d'être vraiment caractérisque.

(3) Le futur Henri IV et son cousin Henri Ier de Bourbon, prince de Condé.
M. Berger de Xivrey n'a pas connu le séjour du roi de Navarre à Mont-de-Marsan
en mars 1572. Dans l'*Itinéraire* placé à la fin du tome II du *Recueil des lettres
missives de Henri IV*, on n'indique, pour le mois de mars, qu'un séjour à Nérac,
le 2, et qu'un séjour à Blois (date indéterminée). Voilà donc encore une lacune com-
blée dans le tableau de M. Berger du Xivrey.

que m'a respondu le general des finances de sa dicte Majesté audict pays de Guyenne et m'a dict qu'il me vauldroict autant estre assigné sur le sablon d'Estampes (1); et lorsque ce gentilhomme dont je vous ay parlé pansa remonstrer à Monsieur de Marrilhac (2) que de ceste assignation je n'en aurois jamais ung denier, il luy pansa saulter aux yeulx à force de le constraindre à la prendre. Voilà, Monseigneur, comme je suis traitté. Je l'ay renvoyé à Sa Majesté et vous supplie tres humblement, Monseigneur, m'estre aydant pour qu'il plaise au Roy m'en donner quelque chose affin que j'aye quelque moyen de vous faire service, m'assurant que s'il vous plaist me depparter la moindre de voz faveurs que j'en auray quelque chose. Autrement je vous promectz, Monseigneur, et vous puis asseurer qu'il est hors de ma puissance de supporter sans autre moyen la charge que le Roy m'a donnée, mesmes que s'il survient affaire digne du bien de vostre service et d'en donner promptement advis à leurs Magestés et à vous, je n'en ay nul remede ny expedient.

Monseigneur, je supplie le Createur vous donner en santé très heureuse et longue vie.

De Peyrehorade, ce 20 mars 1572 (3).

Vostre tres humble et tres obeissant serviteur.

A. DASPREMONT.

XVIII (4).

Au roy Charles IX.

Sire, je vous ay faict entendre par ma derniere despeche les advis que j'avois du cousté d'Espaigne et ce que l'on murmuroit en ce pays de Guyenne, et parceque cella continue de plus en plus et qu'à ce qu'on m'a assuré les compaignies de gens de cheval dont je vous

---

(1) Le *Dictionnaire de Trévoux* donne du *sablon* la définition que voici : « Menu sable qui est d'ordinaire blanc, comme le *sablon* d'Etampes, qui sert à écurer la vaisselle d'étain, de cuivre, et à d'autres usages. »

(2) Guillaume de Marillac, contrôleur général des finances, mort en 1573, était le frère de l'archevêque de Vienne, Charles de Marillac, et le père du garde des sceaux Michel de Marillac et du maréchal Louis de Marillac.

(3) Le 9 du même mois, le vicomte d'Ortbe avait écrit de Peyrehorade au roi de France pour l'informer du passage à Bayonne de divers courriers anglais, espagnols et allemands. Je n'ai pas cru devoir reproduire cette lettre (fonds français, vol. 15554, f° 26), qui est à la fois très courte et très insignifiante.

(4) Bibliothèque nationale, fonds français, vol. 15554, f° 53.

faisois mention par ma dicte despeche sont descendues jusques à
Maye, qui est ung lieu bien près de ceste frontiere, avec quelque
nombre de gens de pied, oultre lesquelz on en tient pretz et enrollez
encor davantage, et que vous pouvez, pour vous en avoir fort souvant
adverty, estre informé de l'estat de Baionne, laquelle voz voisins cognoissent aussi bien que moy, je n'ay voulu faillir, tant pour
le devoir que j'ay à vostre service que pour avoir mon honneur obligé
là dedans, à vous supplier très humblement ne trouver mauvais si
je vous foys souvenir de l'importance qu'elle est au bien de voz
afferes et qu'il vous plaise me commander voz bon vouloir et intention pour que je mette peyne de la suyvre et que sçaiche à quoy
m'en tenir; car sans cella je ne puis bonnement me deffendre de ceulx
qui vous pourroient ou vouldroyent nuyre, veu qu'ilz cognoissent
Baionne entierement desnuée du necessaire à la deffense d'icelle et
sçavent, qui plus est, que vous nous avez deffendu toute sorte d'armes, qui a esté cause que la pluspart de ceulx qui en avoyent les ont
vendues, les autres qui n'en font plus de compte n'en pouvant faire
fruict s'il estoit besoing pour vostre service : qui me faict doubter que
survenant affaire pressé je me trouverois bien empesché d'avoir si
tost que le besoing le requerroit mis en œuvre et equipage ceulx de
qui j'ay accoustumé de mander pour le bien d'icelluy. Toutesfois je
me suis resolu que je n'ay qu'une vye laquelle je defendray pour
garder ce qu'il vous a pleu me donner en charge, qui est tout ce que
je puis faire. Bien vous veulx je supplyer très humblement, Sire,
qu'il vous plaise nous permettre, à tout le moings à ceulx que j'ay
tousjours employé aux occasions qui se sont presentées pour le bien
de vostre dict service, de porter armes, pour que s'il estoict entreprins
quelque chose de travers au prejudice d'icelluy j'aye quelque moyen
de deffendre ce en quoy mon honneur est engagé, pour le devoir de
la quelle je vous supplye tres humblement ne prendre en mauvaise
part ce [que] je vous dy, que Baionne ne se peult dire vostre si vous
ne l'avez en autre recommandation. Il vous plaira, Sire, y donner
l'ordre requis et commander qu'il me soict respondu, affin que je ne
soye tousjours constrainct de vous importuner pour ce deffault. Au
demeurant, je vous escrivis le xı^e de febvrier dernier une lettre acom-
paignée d'autre des lieutenant de maire, eschevins et consuls de
Baionne, par lesquelles vous estoit remonstré leur necessité, mesmes
comme journellement transgressant voz edictz on transporte des bledz
en Espaigne; qui faict que voz pouvres subjectz d'icy autour sont à la
faim, ayant esté constrainctz de me requerir et prier, comme Vostre

Majesté aura peu entendre par la leur, que je leur en voulusse deppartir de celluy de vostre magasin à Baionne à la charge d'en y remettre autant, de quoy j'attendz vostre commandement. Et qui plus est, Sire, peult avoir quinze ou vingt jours que le galion que j'avois envoyé sur mer pour l'entretenement de voz dicts edictz auroit faict prinse d'ung navire chargé de fer et autres choses par iceulx prohibées qui s'en alloit en Espaigne et fust advenu à St Jehan de Luz. Toutesfois, Sire, ceux dudict lieu, comme ilz ont accoustumé de desdaigner les edictz et commandementz qu'il vous a pleu donner à ceulx qui commandent en ce pays et continuant leurs mauvaises façons de faire, ont donné moyen, faveur et ayde au maistre dudict navire; et qui plus est, quant ceulx à qui j'avois donné commission soubz vostre commandement d'executer le contenu en voz dictz editz leur ont pansé remonstrer leur faulte, ilz les ont si bien menassés et traictés que la fuyte a bien servy aux aucuns et la patience aux autres. Je vous supplye très humblement, Sire, commander à quelcun de deça d'informer de telles insolences, affin que les aucteurs d'icelles ne demeurent impugnis de la pugnition condigne à leur merite, et qu'elle serve d'exemple aux autres. Car autrement Vostre Majesté ne sera jamais bien obeye de telles gens. Au surplus, Sire, Messieurs les princes de Navarre et de Condé sont en Bearn, lequel sieur prince de Navarre est tous les jours à cheval pour faire entendre et monstrer à l'œil audict sieur prince de Condé ce qu'est dudict pays, allant de ville à autre (1), qui est tout ce que je vous puis dire.

Sire, je supplie le Createur vous maintenir en santé, prosperité, et vous donner tres longue et tres heureuse vie.

De Peyrehorade, ce vıı^e jour d'avril 1572.

Vostre tres humble et tres obeissant subject et serviteur.

A. Daspremont.

XIX (2).

Au duc d'Anjou.

Monseigneur, j'ay receu une lettre du Roy et une autre de vostre haultesse du xxix du passé. Sa Magesté me commande executer quel-

---

(1) M. Berger de Xivrey (*Séjours et itinéraire du roi de Navarre*) a signalé, d'après l'ouvrage de l'abbé Poeydavant, la présence du futur Henri IV en Béarn au mois d'avril 1572. Les détails manquent totalement dans le tableau pour toute la période comprise entre le 2 mars et le 11 juillet.

(2) Bibliothèque nationale, fonds français, vol. 15554, f° 237.

ques choses qui concernent son service, et la vostre ce (*sic*) reffaire à celle du Roy. Je fais presentement à Sa Majesté response bien ample et donne advis audict seigneur de ce qu'ay apprins de noz voisins, et m'assurant [que] verrez tout, pour ne vous ennuyer, ne vous en escripveray autre chose en ceste icy que vous supplier tres humblement, Monseigneur, vous plaise faire ce bien au service du Roy et vostre de me commander clairement les voulloir et intension de sa dicte Magesté et vostres, lesquels vous assure, Monseigneur, ensuyveray jusques au derniere goutte de mon sang sans regarder çà ne là, et considerez, s'il vous plaist, l'estat en quoy est ceste ville, lequel plusieurs foys cy devant ay faict entendre au Roy et à vous.

Je supplie le Createur, Monseigneur, vous donner en santé bonne, longue et tres heureuse vie, me recommandant tres humblement à vostre bonne grace.

De Baione, ce xvii de juing 1572.

Vostre tres humble et tres obeissant et tres affectionné serviteur.

A. DASPREMONT.

APPENDICE I.

Deux lettres inédites de Jean d'Aspremont, fils d'Adrien (1).

I

A Monsieur de Pontchartrain (2).

Monsieur,

J'ay receu celle que m'avés faict ce^te faveur de m'escrire, par laquelle me mandez que sur les plainctes que j'avoys faict de la fasson que monsieur de Gramont (3) uzoit en mon endroict, il vous avoict envoyé le double de son pouvoir où la visconté d'Orthe est comprinse, et partant qu'il failloit que je lui obeisse. Vous sçavez, Monsieur, qu'avant de condampner une partie, il fault qu'elle soict ouye. Je feray voir que jamais la viscomté d'Orthe n'a esté comprinse aulx pouvoirs des gouverneurs de Bayonne. Il est vray que M. de La Hilliere, qui fust gouverneur apprès feu mon pere, fist glisser ce mot de la visconté d'Orthe dans son pouvoir, sans que j'en eusse cognoissance jusques à ce qu'il voulust faire quelque commandement sur mes justiciables, à quoy je m'oppozay et en vinsmes aulx mains; quy fust cause que le roy Henri troisiesme commanda feu monsieur le mareschal de Matignon, lieutenent gene-ral en Guienne, d'y mettre ordre, qui l'occazionna de se rendre en

---

(1) D'après la généalogie donnée par Oihenart, Adrien eut d'une femme dont le nom n'est pas connu Jean, vicomte d'Orthe, qui épousa Esther de Gontaut de Saint-Geniez (*Bearnia Sangenesia*). De ce mariage naquirent plusieurs enfants; l'ainé, Antonin, épousa Aimée de Lons (*Amata Lonsia*). En l'année 1658, la ville de Bayonne envoya des confitures à madame de Lons, qui avait employé en faveur de communauté son influence sur son gendre. (Archives municipales de Bayonne.)

(2) Bibliothèque nationale. Mélanges Clairambault, vol. 364, f° 1799.

(3) Antoine, comte de Gramont, père du maréchal de Gramont.

ces quartiers, et ordonna que ledict sieur de La Hilliere (1) demeure-roit au pouvoir de ses predecesseurs gouverneurs, sans rien entre-prendre sur la visconté d'Orthe, et moy en l'authoritté que mes de-vanciers et moy avions tousjours eu de commander noz justiciables pour le faict des armes; ce qui a esté observé par ledict sieur de La Hilliere tant qu'il a demeuré en la charge de gouverneur de ladicte ville.

J'envoye de quoy justifier ce dessus. Comme monsieur de Gra-mont eust la resignation de monsieur de La Hilliere, il fist faire sa pattente semblable à celle de son resignant, selon ce que j'ay veu par le double qu'il vous a pleu m'en envoyer. Toutesfois il n'avoit jamais faict nulle sorte de commandement à ceulx de mes terres que depuis quelque moys, qu'il a esté poussé de quelque hayne particu-lière, et non pour le service du Roy, si bien que depuys celle que je vous avois escrit, il a faict assembler ceux de son gouvernement et ses justiciables avec desseing de me venir attacquer en ma maison pour m'offencer, qui a esté cause que je me suys mis en deffence pour arrester ses desseings.

Je croy, Monsieur, que ce n'est poinct faire le service du roy que d'uzer de telles façons à l'endroict de celuy qui n'a esté aultre que très fidelle serviteur de ses roys et aujourd'huy aultant que jamais. Je me prometz que Leurs Magestés ne vouldront poinct permettre que je soibs traicté de ceste façon sur mes vieux ans et en recom-pense de mes services, de vouloir que l'on me prive de l'hautoritté qu'un hault justicier a sur ses justiciables et qu'un aultre commande dans sa terre, ce qui n'a jamais esté faict. Ce me seroict un trop grand subject de plaincte. Tout ce que monsieur de Gramont et les gouverneurs de Bayonne peuvent demander, c'est, en caas (*sic*) de necessité, d'avoir de l'acistence en la dicte ville; oultre le service du Roy, les voisins y sont obligés pour leur bien particullier, et non seullement à Bayonne mais à Dacs et tous aultres lieux qui sont im-portans pour le service de Leurs Magestés, à quoi l'on ne peult dire que je me soibs jamais espargné avec mes amys et mes justiciables. Si l'intention dudict sieur de Gramont est suivye, c'est me priver des droicts et authoritté ausquels les seuls roys m'ont tousjours mainctenu.

Je vous supplie très humblement, Monsieur, me faire cest hon-neur d'en parler à Leurs Magestes, affin que je ne soibs poinct

(1) Sur Jean-Denis de La Hillière, voir mes *Documents inédits relatifs à l'his-toire de Bayonne*, p. 10.

asservy à aultre qu'à Elles, et à Messieurs leurs lieutenentz géneraulx, comme il a esté observé jusques à present. Particulierement je vous supplie de rechef bien humblement me vouloir assister de vostre faveur en cest affaire. Ce sera m'obliger à jamais à vous en randre bien humble service et estre toute ma vie, Monsieur, vostre plus humble serviteur.

ASPREMONT, vicomte D'ORTHE.

A Peyrehorade, ce 13e mars 1614.

II

A la reine Marie de Médicis.

Madame,

Il plaira à Vostre Magesté se souvenir du commandement qu'elle m'a faict sur le differant des sieurs de La Force et de Gramont (1), suyvant lesquelz je me suis employé en tout ce qu'il m'a esté possible pour empescher le mal, en hayne de quoy le sieur de Gramont a dict estre mon ennemi et le m'a voulu tesmoigner par une occasion fondée sur l'authorité qu'il tire du Roy et de vous, Madame, comme gouverneur de Bayonne. Il a escript à vne partie des juratz de la visconté d'Orthes, mes justiciables, de l'aler trouver pour le service du Roy, à quoy ils ont obéi. La proposition qu'il leur a faict a esté de les menacer de venir bruler et sacager les habitans de mes terres, d'anvoyer un prevost pour leur oster les armes desquelles je les ay pourveux par commandement des fus roys pour avoir moyen de leur randre autant de fidelle service qu'ont faict mes predecesseurs, ce que j'ay faict, comme en peuvent randre bon tesmoinage vos villes de Bayonne et Dax, quant l'occasion c'est presantée, et tous autres lieux où il a esté besoing d'aler pour le service de mon roy (2). Je ne nieray point, Madame, que sur le brevet des assemblées qui ce sont faictes et l'advis que le sieur de La Force m'a donné que c'estoit contre le service de Vos Magestés, que je ne me fusse preparé pour estre prest d'aler porter ma vie et de tous ceux qui dependent de moy partout où il eust esté besoing pour le très humble service de vos

(1) Mélanges Clairambault, vol. 373, fo 8262.
(2) Le dernier — et non le moins habile — historien de ce différent est M. l'abbé de Carsalade du Pont. (*Trois barons de Poyanne, II Bernard de Poyanne. Revue de Gascogne* d'août et septembre 1880, p. 346-347)

dictes Magestés. C'est le subjet pour lequel on menace mes justiciables de les desarmer et à moy de me chastier. Ce sont des termes qui
sont bons pour ceux qui contreviennent aulx commandemans de leur
roy et non à moy qui me suis tousjours randu fort obeyssant, comme
je feray toute ma vie. Je supplie très humblement Vostre Majesté
me pardonner sy je prands la hardiesse de l'annuier d'un si long
discours. L'ocasion me contrainct de represanter à Vostre Majesté
comme avec son aucthorité l'on veult treter son tres humble subject
et serviteur. C'est donc au Roy et à vous, Madame, que j'ay recours
pour les supplier tres humblement, comme je fais, me faire cest honneur de m'an faire justice et ne permettre que je sois mené de ceste
façon et ne vouloir qu'autre que moy aye commandement sur le jus-
ticiable pour le faict des armes, comme il a esté observé de tout
tamps. Si le dict sieur de Gramont entreprend de me violanter en
quelque chose, je supplie tres humblement Vostre Magesté me permettre de me deffendre, protestant neantmoings, Madame, que les
moyens et la vie me manquera plustost que la volonté que j'ay d'estre
à jamais, Madame, vostre tres humble, tres obeissant et tres fidelle
subject et serviteur.

ASPREMONT

Ce sixiesme novembre 1613.

APPENDICE II.

La lettre du vicomte d'Orthe à Charles IX (1).

Si d'Aubigné fut le premier qui rapporta la fameuse réponse
d'Adrien d'Aspremont, vicomte d'Orthe, à Charles IX (2), l'abbé de
Caveirac fut le premier qui s'inscrivit en faux « contre un acte dont
aucun contemporain n'a parlé, qui a échappé aux recherches de
M. de Thou, ou que cet historien n'a pas osé adopter malgré sa
bonne volonté pour les Huguenots et ses mauvaises intentions

---

(1) *Revue des Questions historiques*, première année (1867), t. II, p. 292-296.
J'ai corrigé quelques fautes d'impression dans les dates et dans quelques mots du
texte de la lettre à Charles IX.
(2) *Histoire universelle*. Maillé, 1616, in-f°, t. II, p. 28.

contre Charles IX (1). » La protestation de Caveirac resta sans écho, et dans presque tous les livres, le vicomte d'Orthe continua à répéter, avec ou sans variantes (2), l'héroïque phrase que résume si bien ce vers des *Tragiques* :

Tu as (dis-tu) soldats, et non bourreaux, Bayonne (3).

Tout au plus l'harmonieux concert fut-il troublé, de temps en temps, par quelques voix discordantes, peu écoutées du reste, telles que celles de M. Aubert de Vitry (4) et de M. Eugenio Alberi (5). Mieux examiné, le récit de d'Aubigné parut enfin suspect à plusieurs bons esprits, et M. Huillard-Bréholles put dire, dans un rapport présenté au Comité des travaux historiques sur une communication relative à certains documents des archives de Bayonne : « J'appellerai votre attention sur une lettre de Charles IX, du mois de mai 1570, à Vincennes, confirmée par une autre de Catherine de Médicis, portant injonction au vicomte d'Orthe de se conduire avec plus de modération, et la promesse de faire droit aux plaintes des habitants contre ce gouverneur. En y joignant deux notifications de Henri III, du 8 novembre 1581, à Ollainville, et du 29 janvier 1582, à Paris, où il est question d'une réponse de ce même gouverneur contre l'autorité légale (6), on pourrait sans doute se faire une idée plus exacte du caractère d'un personnage qui n'est guère connu que

(1) *Apologie de Louis XIV et de son conseil sur la révocation de l'édit de Nantes, avec une dissertation historique sur la Saint-Barthélemy.* Paris, 1758, in-8°.

(2) La *Nouvelle Biographie générale*, en un article de dix lignes sur d'Aspremont, donne cette variante : « J'ai trouvé parmi les habitants et les gens de guerre des hommes dévoués à Votre Majesté, mais pas un assassin. » Anquetil, un de ceux qui ont le plus contribué à propager la célèbre antithèse, ajoute au texte de d'Aubigné cette petite phrase : « Nous y mettrons jusqu'à la dernière goutte de notre sang. »

(3) Livre v, *Les fers.* Edit. de M. Lud. Lalanne, p. 245. On sait que la première édition des *Tragiques* est de 1616.

(4) *Eloge de Sully.*

(5) *Vita di Caterina de' Medici; saggio storico.* M. César Cantu n'a pas tenu compte des observations de son compatriote (*Histoire universelle*, traduction française, t. xv, 1855, p. 221). Le même historien rapporte (*ibid.*) la prétendue réponse du gouverneur de l'Auvergne. M. Imberdis (*Histoire des guerres religieuses en Auvergne*, 2e édition, 1846) a nié l'existence de la lettre de Saint-Herem, lettre déjà repoussée par Dulaure en 1802.

(6) A l'époque où feu M. Huillard-Bréholles écrivait ceci, et même à l'époque où je reproduisais ses observations, on ignorait la date de la mort d'Adrien d'Aspremont. Maintenant que nous connaissons la date officielle de son décès (20 mars 1578), nous voyons que les lettres de 1581 et 1582 s'appliquent au fils d'Adrien, lequel, d'après les reproches contenus en ces lettres, aurait hérité du mauvais caractère de son père, en même temps que de sa charge de gouverneur de Bayonne.

par la lettre de d'Aubigné, reproduite avec empressement par Voltaire, mais rejetée à juste titre par la critique moderne (1). »

Peu de temps après, M. Garay de Monglave, mieux inspiré que le jour où.il voulut nous donner, comme.poème antique, le chant d'Altabiscar (2), s'éleva dans le *Courrier de Bayonne* (3) contre la proposition faite par un abonné de ce journal, d'ouvrir une « souscription pour ériger au vicomte d'Orthe, sur la place d'armes de Bayonne, un monument commémoratif, sur le piédestal duquel on graverait la réponse du gouverneur de 1572 (4). » M. Garay de Monglave rencontra un vaillant adversaire en M. Brussaut. La querelle fut vive (5), mais elle ne fit surgir aucun argument sérieux en faveur de l'authenticité de la lettre. Aussi, M. Garay de Monglave n'eut-il pas de peine à battre le défenseur de la tradition (6). La plupart de nos historiens, dès lors, ont adopté l'opinion ainsi résumée par M. Victor Duruy (7) : « La lettre paraît, à raison du caractère et des actes du personnage, peu probable (8). »

J'ai eu le bonheur de trouver, à la Bibliothèque impériale (9), un

---

(1) *Bulletin des Comités historiques*, 1850, p. 167.

(2) Voir la remarquable et décisive *Dissertation sur les chants héroïques des Basques*, par M. J.-F. BLADÉ (1866).

(3) Numéro du 5 septembre 1853.

(4) M. Garay de Monglave avait déjà, en 1842, adressé une lettre à M. Villemain, dans laquelle il démolissait la réputation de tolérance du vicomte d'Orthe, et lui contestait la paternité de la réponse à Charles IX. Le même écrivain est revenu sur ce sujet dans les articles *Bayonne* et *Orthe* du *Dictionnaire de la Conversation*, mais le premier de ces articles est négatif, tandis que le second est presque affirmatif. On se demande si M. Garay de Monglave n'a rédigé ces deux articles d'une manière si différente que pour éviter la monotonie.

(5) Il faut lire dans le *Bulletin de la Société de l'histoire du protestantisme français* (t. I, p. 208 et p. 488) les articles intitulés : *La Saint-Barthélemy à Bayonne*; *Recherches historiques sur la réponse du vicomte d'Orthe à Charles IX*, et *Bayonne et le vicomte d'Orthe*, et la réplique, au t. II, p. 13.

(6) M. Brussaut a été soutenu, dans le tome IX du *Recueil des travaux de la Société d'agriculture, sciences et arts d'Agen*, par M. J.-F. Samazeuilh, en un mémoire sur *Adiram* (sic) *d'Aspremont, vicomte d'Orthe et gouverneur de Bayonne*.

(7) *Histoire de France*, t. II, p. 113.

(8) M. Georges Gandy a rappelé (*Revue des Questions historiques*, t. I, p. 336) que MM. Henri Martin, Lavallée, Dargaud, n'admettent point l'authenticité de la lettre. Quant à M. Michelet (*Histoire de France*, t. IX), il ne parle pas du vicomte d'Orthe, mais il dit : « Les protestants prétendent que les provinces reçurent des ordres écrits du massacre. C'est méconnaître étrangement la prudence de la reine-mère. » Parmi les érudits qui, de nos jours, ont été dupes du récit de d'Aubigné, je citerai M. Berger de Xivrey (*Recueil des lettres missives du roi Henri IV*, t. I, p. 102), les auteurs de la *France protestante* (t. I, p. 38), MM. H. Bordier et Ed. Charton (*Histoire de France*, 1861, t. II, p. 77).

(9) Fonds français, vol. 15555, f° 60.

document officiel original qui tranche la question. Voici la dépêche réelle écrite de Bayonne par le vicomte d'Orthe, le 31 août 1572, à Charles IX, au sujet de la Saint-Barthélemy, dépêche qui exclut forcément de l'histoire celle que d'Aubigné avait trop bien réussi à y introduire :

Sire, ses jours passés je vous ay donné advertissement de ce que j'ay peu aprandre du cousté de ceste frontiere et continuant d'en scavoir des nouvelles j'ay trouvé qu'il se achemine quelques compaignies de chevaulx et d'infanterie ez villes de Sainct Sebastien, Larreuterie et Fontarrebie, et le long de la frontiere d'Espaigne et Navarre. Là dessus Messieurs de ceste ville m'ont remonstré pareilz advertissemens pour y pourvoir, et avons prins resolution de vous en advertir affin, Sire, qu'il vous plaise y pourvoir. Ce pendant je leur ay dict ce que nous avions affaire attendant qu'en feussies adverty, les aiant trouvez si affectionnez au bien de vostre service qu'ils m'ont offert tout devoir pour prandre garde à vostre ville, en quoy il sera pourveu de façon que Vostre Magesté en demeurera satisfaicte à l'aide de Dieu. Bien vous supplie très humblement vous souvenir de ce que je vous ay escript et du piteulx estat en quoy ceste vostre ville est, et de combien elle vous importe. Despuis les dictz advertissemans j'ay entandu ce qu'est arrivé à Paris les xxii° et xxiii° du present mois d'aoust, et puis que se sont querelles particulières. J'espoire vous randre si bon et fidel compte de ceulx que m'avez baillé en charge que de les fere vivre en tel poinct qu'il ne se attamptera chose quelconque à vostre descompte.

Sire, je supplieray le Createur vous donner en sancté tres bonne et tres longue vie.

De vostre ville de Baionne, ce dernier aoust 1572.

Vostre tres humble et tres affectionné subject et serviteur,

A. DASPREMONT.

Au demeurant, Sire, craignant que ceste mutation engendrast quelque chose de maulvais, et que ceulx qui le pourroient prandre de ceste façon se prevaleussent des deniers qui se levent de ceulx de la religion pretendue refformée, et que les commissaires receveurs et aultres commis à la dicte levée sont de la dicte religion pretandue, j'ay commandé à ceulx de ceste ville de n'en vuider leurs mains ou bien les mectre en main si seure et solvable qu'il puisse estre mis la ou il vous plaira ordonner, et, s'il vous plaict, m'en commander vostre volonté.

Devant cette lettre, rien ne reste obscur, inexpliqué. Le vicomte d'Orthe, conformément à ses promesses, empêcha que le moindre désordre éclatât à Bayonne. Aidé sans doute par le maire de cette ville, le sieur de Niert, au sujet duquel M. Ed. Fournier a cité, le premier, un important passage des *Historiettes* de Tallemant des Réaux (1), le gouverneur *fit vivre en tel point* catholiques et huguenots, que pas une goutte de sang ne fut alors répandue. D'Aubigné, apprenant au loin que le crime de la Saint-Barthélemy n'avait pas

(1) *L'Esprit dans l'histoire*, 2e édition, p. 184. Conférez 3e édition, p. 210-216.

eu de contre-coup à Bayonne, et que c'était surtout à l'énergique intervention du vicomte d'Orthe qu'était dû le salut des protestants, joyeux de payer à la fois la dette de reconnaissance de ses coreligionnaires et d'orner son *Histoire universelle* d'une page à effet (1), rédigea la réponse si fière et si généreuse que, trompé par les apparences, il supposait avoir pu être écrite par le gouverneur. L'hommage rendu au vicomte d'Orthe, à la suite du combat de Sabres (2), par d'Aubigné militaire (3), ne doit pas plus nous étonner que l'hommage qui lui est rendu par d'Aubigné historien : dans l'un et dans l'autre cas, d'Aubigné glorifiait celui qui avait empêché que la *mutation* du 24 août « engendrât quelque chose de mauvais en son gouvernement. » L'histoire perd à tout cela un mot qui sonnait bien, mais que regretteront seulement ceux qui croient que la plus petite parcelle de vérité n'est pas infiniment plus précieuse que la plus brillante erreur.

APPENDICE III.

Quelques renseignements nouveaux sur Adrien d'Aspremont.

Je reçois communication, au dernier moment, d'un important travail manuscrit de M. A. Communay. Ce savant généalogiste veut bien m'autoriser à extraire de son étude sur les vicomtes d'Orthe de précieux renseignements qui complètent certains passages de mon *Avertissement*. En remerciant cordialement ici M. Communay de sa générosité, je suis heureux de lui dire : Soyez le bienvenu parmi les travailleurs du sud-ouest !

Le vicomte d'Orthe [Pierre d'Aspremont], qui avait fait son testament dès le 8 janvier 1519 (4), vivait encore en 1533 et 1536, car, durant cet espace de temps, il figure sur les comptes des trésoriers

(1) Un érudit qui connaît parfaitement d'Aubigné, M. Ludovic Lalanne, l'avait soupçonné, dans ses *Curiosités biographiques* (p. 372), d'être l'auteur de cette lettre, où il retrouvait « l'énergie et la vigueur de style de ce grand écrivain. »
(2) Chef-lieu de canton du département des Landes, 35 kil. de Mont-de-Marsan.
(3) *Histoire universelle*, tome II, p. 200 et suivantes.
(4) Bibliothèque nationale. Cabinet des titres, Maintenue de M. Pellot.

do la couronne (1), comme l'un des cent gentilshommes de la maison
du roi, sur la charge de messire Jean de Crequy, chevalier des ordres, capitaine de l'hôtel. D'abord fiancé à Hélène de Gramont, qui
prit ensuite alliance avec Jean, seigneur d'Andouins, Pierre d'Aspremont épousa par contrat du 8 janvier 1508 (2), avec dispenses de la
cour de Rome, haute et puissante demoiselle Quiterie de Gramont,
sa cousine, fille de très puissant seigneur Roger de Gramont, prince
souverain de Bidache, et d'Eléonore de Béarn, dame de Gramont.
Quiterie de Gramont était sœur de François, qui fut tué à Ravenne
en 1512; de Louis, vicomte de Castellon Lomagne; de Charles, tour
à tour évêque d'Aire et de Couserans, mort archevêque de Bordeaux
en 1545, et de Gabriel de Gramont, également archevêque de Bordeaux, créé cardinal en 1531. Le vicomte d'Orthe eut de ce mariage :

1° Adrien d'Aspremont, qui suit;

2° Roger d'Aspremont, protonotaire apostolique du Saint-Siège (3);

3° Jean d'Aspremont, qui figure parmi les archers de la compagnie
du roi de Navarre dans la revue qui fut passée le 15 novembre 1558
par René de La Place, chevalier (4);

4° Madeleine d'Aspremont, mariée le 15 janvier 1532 à messire
Gaillard d'Aure, chevalier, vicomte de Larboust, sénéchal de Né-
bouzan;

5° Jeanne d'Aspremont, qui épousa en 1535 Jean d'Oro, écuyer,
seigneur dudit lieu.

XIII. Haut et puissant seigneur messire Adrien d'Aspremont,
vicomte d'Orthe, chevalier de l'ordre de Saint-Michel, fut successivement échanson de Messeigneurs les Dauphins du Viennois, duc
d'Orléans et d'Angoulême, fils de François Ier (1534-1536) (5), pan-
netier de ce prince (1536-1545) (6), écuyer et gentilhomme de la
chambre du roi Henri II (7). Nommé au gouvernement de Bayonne
par commission royale du 3 janvier 1552 (8), Henry de Navarre lui

(1) *Ibid.* et collection Clairambault, vol. 835.

(2) Maintenue de M. Pellot.

(3) M. Communay ajoute, d'après un document du cabinet des titres, que le 15 décembre 1544, Roger d'Aspremont fut chargé de porter à Rome et de remettre entre
les mains de l'ambassadeur de France, qui était alors le cardinal d'Armagnac, les
lettres qui accréditaient ce dernier auprès du Saint-Père.

(4) Bibliothèque nationale. Fonds français, vol. 21524. Dans les mêmes rangs
servaient Charles de Luppé, Joseph de Noaillan, Bernard de Casenave, Pierre de
Laborde, Pierre de Las, Johan de Laur, etc.

(5) Collection Clairambault, vol. 385.

(6) *Ibid.*

(7) *Ibid.* vol. 386.

(8) Cabinet des Titres. Maintenue de M. Pellot.

fit part de sa nomination dans une lettre où il le qualifie de cousin, à cause d'Agnette de Béarn, aïeule dudit Adrien (1). Le 4 août 1558 (2), le roi, *jugeant nécessaire d'établir un personnage de la qualité requise dans la charge de son lieutenant à Bayonne et ès pays de Labourd, Gosse, Seignanx, Marempuy, Boucaut, Cap- breton, Sordes. Hastingues et vicomté d'Orthe, S. M. constitue dans ladicte charge le vicomte d'Orthe, gentilhomme ordinaire de sa chambre et gouverneur de la ville de Bayonne.* Il fut successivement maintenu en ces fonctions par le roi François II et Charles IX en 1563 et 1571 (3)... Ainsi qu'on le voit dans une enquête réclamée par son fils Jean d'Aspremont (4), le vicomte d'Orthe eut son château de Peyrehorade pillé et saccagé à deux reprises différentes [1569 et 1570] par les troupes de Montgommery et de Montamat. Tous ses titres de famille disparurent dans l'incendie allumé par les protestants. Exilé dans sa maison de Peyrehorade, le vicomte d'Orthe y mourut en 1578. Le 4 avril de cette même année (5), ouverture fut faite du testament par lequel il avait constitué son fils Jean pour héritier universel. D'après un mémoire de famille (6), le vicomte d'Orthe aurait épousé demoiselle Madeleine de Saint-Martin.

Voici enfin, au sujet d'Adrien d'Aspremont, une notice empruntée aux archives de l'ordre de Saint-Michel (7), et qui renferme quelques renseignements nouveaux :

Nomination du 12 octobre 1562 (1563).

Adrien d'Aspremont, vicomte d'Orthe, gentilhomme ordinaire de la chambre du Roy et gouverneur de Bayonne, était déjà pourvu en 1552 d'une charge d'écuyer ordinaire de l'écurie du roi Henry II, qui lui accorda au mois de juin 1554 (étant alors gouverneur de Bayonne) une gratification de 4,600 fr. en récompense de ses ser-

(1) Louis d'Aspremont, vicomte d'Orthe, grand-père d'Adrien, avait épousé, le 25 janvier 1452, haute et puissante dame Agnette de Béarn, fille de très haut et très puissant seigneur Jean de Béarn [fils naturel de Jean, comte de Foix] et de haute et puissante dame Angeline de Miossens.

(2) Document du cabinet des titres.

(3) Document du cabinet des titres.

(4) *Ibid.*

(5) Maintenue de M. Pellot. L'intendant a confondu la date du procès-verbal de l'ouverture du testament avec la date même de ce document.

(6) Maintenue de M. Pellot.

(7) Fonds d'Hozier, cabinet des titres, vol. 1040, f. 176.

vices et en dédommagement du droit de rançon qu'il était dans le cas d'exiger de Marquart Rossemberger, allemand, son prisonnier de guerre, que ce monarque lui avait ordonné de mettre en pleine délivrance. Et le Roy lui fit encore adjuger sur les fonds de son épargne au mois d'août 1538 une somme de 1,200 fr., soit toujours à raison de ses services dans les guerres que pour le voyage qu'il avait fait de Bayonne à Reims où il était venu trouver S. M. pour affaire relative à son service; il avait été admis sous ce même règne au nombre des gentilshommes de sa chambre, et on le trouve encore compris en cette qualité dans les états de la maison de Charles IX et de Henri III depuis 1561 jusqu'en 1575. Il fut accusé en 1564, ainsi que Blaise de Montluc, d'avoir été de la conspiration faite contre la reine Jeanne de Navarre. Ce fut lui qui écrivit au Roy au sujet du massacre général des huguenots, etc.

Suit la fameuse lettre apocryphe. Après quoi le biographe reprend :

Cette réponse, bien loin de déplaire au Roy Charles IX, ne fit qu'augmenter l'estime dont ce monarque l'honorait, et il en obtint une gratification de 8,000 fr. le 7 avril 1574. Il mourut en 1578.

Il était fils de Pierre d'Aspremont, vicomte d'Orthe, et de Quiterie de Gramont.

Ses armes : d'or au lyon de gueules; écart. d'or à un ours de sable rampant : et sur le tout, de gueules à une croix d'argent.

.

www.ingramcontent.com/pod-product-compliance
Lightning Source LLC
LaVergne TN
LVHW022034080426
835513LV00009B/1039